JN436875

향교 · 서원과 용인사람들

향교 · 서원과 용인사람들

초판 1쇄 발행 2014년 12월 15일

저 자 | 임영상 · 정양화 외
발행인 | 윤관백
발행처 | 도서출판 선인

편 집 | 최진아
표 지 | 박애리
영 업 | 이주하

인 쇄 | 대덕인쇄
제 본 | 바다제책

등록 | 제5-77호(1998.11.4)
주소 | 서울시 마포구 마포동 324-1 곶마루 B/D 1층
전화 | 02)718-6252 / 6257
팩스 | 02)718-6253
E-mail | sunin72@chol.com
Homepage | www.suninbook.com

정가 10,000원
ISBN 978-89-5933-782-8 03380

· 이 책의 간행에 충렬서원, 심곡서원, 용인향교, 양지향교, 용인문화원, 한국외국어대학교 인문대학이 후원했습니다.

· 잘못된 책은 바꿔 드립니다.

용인사회문화구술총서 3

향교 · 서원과 용인사람들

임영상 · 정양화 외

『향교 · 서원과 용인사람들』 책을 펴내면서

2014년 6월 용인문화원과 한국외국어대학교 인문대학은 문화콘텐츠 전공 교수와 학생들이 기획해온 용인사회문화구술총서를 제3권부터 양측이 공동 주관하여 간행하기로 했다. 따라서 제1권 『모현사람과 갈월마을』(2010.12), 제2권 『시장과 시장사람들: 용인의 전통시장』(2013.9)에 이은 제3권 『향교 · 서원과 용인사람들』(2014.12)은 현재 충렬서원의 총무직을 수행하고 있는 전 용인향토문화연구소 정양화 소장과 함께 책의 구성을 협의했다.

먼저, 서설(敍說)은 경기대 강진갑 교수의 「유교의 현대적 재해석과 향교 · 서원 활성화 방안」 글이다. 「경기도 유교문화의 현대화를 위한 향교 · 서원 조례 제정 및 운영 방안 연구」(2013.1~2013.12) 과제 연구를 이끌었을 뿐만 아니라 우리 시대 유교문화에 대한 새로운 관심을 제고시키는데 진력하고 있는 저자의 주장이 잘 요약되어 있다.

제1부 '용인의 향교 · 서원 사람들'은 ①용인향교의 이기창 고문, ②양지향교의 송재문 고문, ③충렬서원의 정두화 부원장과 ④심곡서원의 이종기 원장의 구술생애 이야기이다. 대담자인 한국외대 문화콘텐츠 전공 학생들은 김선정 겸임교수가 맡고 있는 〈구술사와 콘텐츠기획〉의 수강생들로 1학기에는 구술사연구방법에 대한 엄격한 이론공부와 팀별로 구

술자를 섭외하고 면담, 구술채록을 수행했다. 2학기에는 매시간 팀별로 진행 중인 스토리텔링 내용을 발표하면서 글을 다듬었다. 결국 제1부 구술생애 이야기는 집단지성의 성과물인 셈이다. 사실 젊은 학생들에게는 낯설 수도 있는 향교와 서원을 방문하고 유학자로 지역사회에 큰 공적을 남긴 어른들을 만나 대담하는 일이 결코 쉽지는 않았음을 글 속에서도 확인할 수 있다.

제2부 '용인의 향교·서원 콘텐츠 기획'은 세 편의 글이 수록되었다. 먼저 ①「『용인신문』의 기사를 통해 본 용인의 향교와 서원」은 2013~14년 한국외대 글로벌문화콘텐츠연구센터가 수행한 용인시(용인문화유적전시관)의 「용인 역사·문화 관련 언론보도 조사 용역」의 성과 중에서 관련 자료를 중심으로 최명환 교수가 정리하고 임영상 교수가 보완한 것이다. ②「심곡서원의 지역문화가치와 활성화 방안」은 강진갑 교수가 책임을 맡아 수행한 과제의 총괄PM이었던 윤유석 교수가 특별한 관심을 갖고 작성한 것이며, ③「전통과의 소통을 위해서 : 충렬서원과 양지향교의 콘텐츠 기획」은 제1부의 대담자인 학생들이 제출한 기획서들을 담당교수인 김선정 교수가 충렬서원과 양지향교 부분을 중심으로 재정리한 것이다. 모두 용인의 향교와 서원의 발전을 바라는 마음을 담은 글이다.

부록으로 실은 경기도의 향교·서원(분포 현황)은 용인의 향교와 서원의 실태를 파악하는데 참고가 될 수 있을 것이다.

한국외국어대학교는 매년 봄/가을에 개최되는 용인의 문화축제에 참여하고 있다. 특별히 용인시와의 관학협력사업으로 개설된 〈용인학입문〉 강좌와 문화콘텐츠 전공 강좌 수강생들은 필수적으로 참여하고 있다. '대학과 지역사회와의 협력' 차원이다. 학교가 위치한 모현에서 열리는 포은문화제(2014년에는 4월 16일 세월호 참사로 5월에 열리지 못하고 10월에 개최)는 용인의 대표적인 역사 인물인 포은 정몽주뿐만 아니라, 정암 조광조, 약천 남구만 등 조선조의 학자정치가들, 그리고 '글로컬(glocal) 용인'의 최고의 역사인물로 우리가 주목해야 하는『태교신기』의 저자인 이사주당 등을 소개하는 전시회까지 열고 있다. 한국외대가 포은문화제 기간에 용인문화원이 주최하는 용인 스토리텔링 공모전에 많은 관심을 기울이고 있는 이유이기도 하다.

2014년 10월 3일~5일에 개최된 제12회 포은문화제는 한국의 대표 전통문화축제에 걸맞게 관혼상제(冠婚喪祭) 일체를 보여주었다. 그 동안 시행하지 못한 혼례를 한 독지가의 후원으로 다문화가정에게 전통혼례를 치러준 것이다. 여기에 한 가지 더 중요한 행사가 열렸다. 제12회 포은문화제에서 충렬서원이 부스를 운영한 것이다. 비록 큰 호응은 얻지 못했으나 많은 점을 생각하게 해주었다. 단순하게 서원소개 팸플릿만 비치할 게 아니라 학생과 일반인을 대상으로 다양한 프로그램을 개발한다면 보다 큰 교육효과를 기대할 수 있을 것으로 판단한 것이다. 용인향교와 양지향교, 심곡서원에서 행해지고 있는 다양한 유교문화교육 등이 충렬서원에서는 공간의 부족으로 어려움을 겪고 있는데, 이번 부스운영을 계기로 충렬서원의 발전을 위한 중단기적인 계획을 구체화해야 할 때가 왔음을 확인했다.

충렬서원이 교육과 사회봉사기능을 되살리기 위해서는 여러 가지 전제조건이 필요한데 가장 시급한 것이 교육공간의 확보이다. 즉, 서원이 복설되면서 제향을 위한 사우(祠宇) 이외에는 복원하지 못했고, 후에 강당이 추가되기는 했지만 협소하여 교육공간으로 활용하기는 매우 어려운 실정이다. 사실 충렬서원은 포은공파 종약원측의 적극적인 동의와 협조를 얻어 인근의 토지를 충효교육관 부지로 사용 승낙을 얻었다. 그러나 용인시 당국의 예산상의 문제로 진전을 보지 못하고 있다. 매우 아쉬운 일이다. 충렬서원은 프로그램을 기획하고 진행할 인력이나 예산을 확보하는데도 어려움이 크다. 서원 자체의 재산도 매우 적을 뿐만 아니라 기본적인 기능을 유지하기에도 벅찬 형편이다. 또 주변의 참여를 이끌어 낼 수 있는 인적(人的) 인프라도 심곡서원에 비해 부족한 편이다. 대형 버스가 들어올 수도 없고 주차할 수 있는 공간도 없다. 더구나 소형 승용차를 주차시킬 수 있는 공간도 없다. 충렬서원이 현대사회에 필요한 기능을 수행하기 위해서는 외적인 인프라의 확충이 절실히 필요하다.

위와 같은 제약들을 극복하기 위해 충렬서원 측에서도 여러 가지 개선 방향을 연구하고 있다. 가장 먼저 대두된 것이 서원 이전문제이다. 서원을 포은선생 묘소 맞은편으로 이전하여 묘소와 같은 권역(圈域)으로 묶은 다음, 종합적인 교육공간으로 활용하자는 것이다. 이 경우 파주에 있는 율곡 선생을 모신 자운서원이 표본이 될 수 있을 것이다. 하지만 서원의 이전에는 여러 가지 난관이 많을 것으로 생각된다. 포은공파 문중의 동의를 얻는 데는 큰 문제가 없을 것으로 생각되지만 막대한 예산이 필요하고 경기도 문화재위원회의 승인도 필요하다. 특히 문화재의 현상변경을 원치 않는 위원들에 대한 설득에 노력을 기울여야 할 것이다. 만약 묘역으로의 이전이 어렵다면 현 위치에서 공간배치를 새로 조정하는 것도 대안이 될 수 있다. 사우와 강당을 위편으로 올리고 아래편에 교육관과 주차장을 새로 갖춘다면 넓지는 않으나 어느 정도 교육기능을 수행할 수 있는 기본적인 요소는 갖출 수 있을 것이다. 이 역시 예산확보와 문화재위원회의 승인이 필요한데, 포은선생 묘역 안으로의 이전보다는 예산도 적게 들고 문화재위원회의 승인도 보다 용이할 것으로 생각된다.

서원의 운영에 대해서도 여러 가지 필요한 점이 많은데 가장 시급한 것 중의 하나가 젊은이들의 참여이다. 서원이나 향교의 임원들이 대개 70대 전후의 노인들인 것을 감안하면 적어도 50대 정도의 젊은이들의 참여가 필요하다. 전통문화의 계승과 참여라는 관점에서도 매우 중요한 것으로 충렬서원만의 일이 아닐 것으로 생각된다. 이런 점에서 외대 학생들이 용인의 향교 · 서원의 역사를 함께 한 어른들을 만나고 그분들의 살아온 이야기를 썼다는 것은 그 의의가 크다고 할 수 있다. 전통 한류(韓流)의 한 축인 한국의 유교문화의 가치를 세계가 주목하고 있는 오늘이기 때문이다.

용인사회문화구술총서 3 『향교 · 서원과 용인사람들』이 나오기까지 같이 수고한 한국외대 문화콘텐츠 전공 교수와 학생들, 용인의 연구자들, 그리고 용인사회문화구술총서를 한국외대와 용인문화원의 공동 성과로 격려해준 용인문화원 김장호 원장님과 한국외대 인문대 채희락 학장님께 진심으로 감사를 드린다.

2014년 12월

필자들을 대신해서 임영상 · 정양화

목차

유교의 현대적 재해석과 향교·서원 활성화 방안

강진갑

머리말

한국은 다른 국가에 비해 1970, 80년대에 19년이라는 짧은 시간에 산업화를 달성하였는데, 이것이 가능했던 요인의 하나가 한국인의 높은 교육 수준이다. 한국인의 높은 교육 수준은 한국인의 교육열이 가져온 결과이다. 한국인의 교육에 대한 열정의 기원은 조선시대에서 비롯되었다고 볼 수 있다. 조선시대 교육 시스템은 매우 정교하게 짜여 있었는데 중앙에 대학격인 성균관이 있었고, 지방에는 사학인 서원과 관학인 향교가 있었다. 조선시대 향교 · 서원은 한국인 교육열의 출발점이었으며, 한국 교육입국의 상징적 존재라 해도 과언이 아니다. 동시에 한국 교육사의 자랑스러운 유산이기도 하다.

한국에는 2012년 12월 기준으로 234개 향교와 672개의 서원이 있다. 그런데 이들 향교 · 서원의 현실을 살펴보면 제향과 교육 기능 두 가지

기능 중 제향 기능은 활발히 수행되고 있으나 교육 기능은 자리를 잡지 못하고 있음을 알 수 있다. 한국 교육사의 자랑스러운 유산인 향교 · 서원이 왜 오늘날 한국 사회에서 교육기관으로서의 기능을 발휘하지 못하는가. 여러 가지 이유가 있지만 가장 큰 이유는 향교 · 서원의 기반이라 할 수 있는 유교문화를 지금 한국 사람들이 우리시대와 맞지 않은 낡은 과거 유산으로 치부하고 있기 때문이다.

현재 향교 · 서원의 구조는 취약하다. 인적 구성, 공간 구조, 운영 및 교육 문화 프로그램, 그리고 재정 구조 등 운영 시스템 전반에 어려움이 많다. 현 상태로는 정부의 지원이 없으면 향교 · 서원은 살아있는 교육, 문화공간이 아니라 박물관 속의 박제화된 유물처럼 변하고 말 것이다.

이 글은 향교 · 서원의 활성화 방안을 모색한 글이다. 먼저 향교 · 서원의 현재 모습을 살펴보고, 향교 · 서원이 활성화되기 위해서는 유교에 대한 현대적인 재해석이 필요함을 제시한 후, 향교 · 서원 운영 프로그램 개선 및 정부의 정책 지원 방안을 제안하면서 글을 맺고자 한다.[1)]

향교 · 서원의 역사와 현재 모습

1) 향교·서원의 역사와 가치

조선의 교육 체제는 중앙에 국립대학 격인 성균관이 있었고 지방에는

---

1) 이 글은 필자가 2014년 한국학중앙연구원에서 개최된 한국의 서원 세계유산등재 추진단 제2차 국내학술대회에서 발표한 「문화정책 차원에서 바라본 서원의 활성화 방안」을 일부 수정한 글이다. 글의 일부는 강진갑 외, 『경기도 유교 문화 현대화를 위한 향교 · 서원 조례 제정 및 운영 방안 연구』(경기문화재단 경기문화재연구원, 2013)에 의존하였다.

관학인 향교와 사학인 서원이 있었다. 조선시대 향교와 서원은 정치를 담당하는 관아와 함께 교화를 담당하면서 향촌 사회를 운영하는 기능을 수행하였다. 조선시대 서원이 번창할 때 그 수는 서원과 성격이 비슷한 사우까지 포함하면 909개소였다. 관학인 향교를 포함하면 조선후기에 지방에는 1,200여 개의 학교가 있었다. 이처럼 잘 짜인 교육 시스템이 조선 사회를 유지하는데 큰 힘이 된 것은 재론할 필요도 없다.[2)]

조선시대 향교·서원에서 선비들이 길러졌다. 조선시대 서원 건물은 호화롭게 지을 수 있는 재정적 능력을 지녔을 경우라도 규모는 작았으며 질박하였다. 밖으로 보이는 것보다 마음과 정신을 중시하는 선비가 공부하고 제사를 지내는 집이기 때문이다.[3)] 향교·서원은 조선시대 교육의 중심기관이면서, 제향을 통해 유교 사회 문화 체제를 유지시키는 문화기관이기도 하였다.

2) 향교·서원의 현재 모습

오늘날 향교는 선현에 대한 향사를 주관하고 있어 지역사회에서 전통문화 전승 기능을 훌륭히 수행하고 있다. 그러나 교육 부문에 있어서는 지역 주민과 학생들을 위한 충효교육과 전통문화 체험교육을 개설하는 정도의 교육 기능만을 수행하고 있을 뿐이다.

전국에 672개소의 서원이 있다. 서원은 향토유적을 포함하여 문화재로 지정된 곳이 270개소이다. 2010년 12월에는 문화재로 지정된 서원의

2) 강진갑 외, 2013, 『경기도 유교 문화 현대화를 위한 향교·서원 조례 제정 및 운영 방안 연구』, 경기문화재단 경기문화재연구원, 45쪽.

3) 최준석, 「향교·서원」 (http://navercast.naver.com/contents.nhn?rid=92&contents_id=4433).

숫자가 167개소에 불과했는데, 2년 동안 103개소가 증가한 것이다. 비지정 문화재 서원은 402개소로 비지정 서원과 문화재 지정 서원은 6:4 정도이다.

서원이 빠른 속도로 문화재로 지정되는 것은 복원된 서원의 증개축과 관련하여 서원 자체의 재정적 역량으로는 이를 감당키 어려워 지방자치단체의 재정지원을 받기 위해서이다. 서원 개보수에 필요한 재원을 유림들이 충당한다는 것이 어렵기 때문에 문화재로 지정받고자 하는 경향이 전국적으로 고르게 나타나고 있다. 또 서원을 출입하고 운영하는 유림들의 고령화가 진행되고 있어 서원을 관리 · 운영하기 어려운 점도 이유의 하나이다.

서원을 운영 주체별로 살펴보면 전체 672개소 중에 유림이 관리하는 곳은 375개소(65%)이고, 문중이 255개소(38%)에 달했으며 그 다음으로 지방자치단체 관리 10개소, 사단법인 5개소, 학교법인 5개소, 개인관리 20개소 등이다. 여기서 유림이 관리한다는 것은 소유권과 관리권을 지역 유림들이 가지고 관리 · 운영하는 것을 말한다. 문중이라 함은 단일 문중에서 설립한 서원이거나 혹은 유림들의 관리가 불가능한 경우 주향의 후손들이 소유권과 관리권을 가지고 있는 경우를 말한다. 지자체의 경우는 소수서원이나 도산서원처럼 관리사무소를 서원에 두어 지방자치단체가 직접 관리 · 운영하는 경우와 새로 복원 혹은 중수되는 과정에서 관리 · 운영이 자치단체로 기부 채납되거나 소유권만 지방자치단체로 이관시킨 경우를 말한다. 사단법인으로는 사충서원, 설봉서원, 송록서원, 장절서원, 충현서원 등 5개소가 있으며, 학교로 귀속된 곳 또한 병산서원 · 역동서원 · 구계서원 · 화산서원 · 백학서원 등 5개소이다. 20여 개소는 개인이 소유하고 관리하고 있다.[4)]

현재 향교·서원 상당수는 제향 기능만 남아 있고 교육의 기능은 매우 약해졌다. 그러다보니 특히 서원 중 민간에서 관리하는 경우, 건물만 덩그러니 남아있고 마당에는 잡초만 무성하며 문이 닫힌 채 흉물처럼 방치되어 있는 경우가 적지 않다. 엄청난 재원을 투입해 복구한 서원이 별다른 활용 없이 방치되고 있는 것이다.

한국사회 인문학에 대한 관심 고조와 유교에 대한 새로운 해석의 필요

1) 한국 사회에 부는 인문학 열풍

인문학을 찾는 이들이 많아졌다. 서점에서는 인문학 책이 많이 팔리고 있고, 인문학 강좌에 수강생들이 몰려들고 있다. 얼마 전까지 인문학자들이 모였다 하면 인문학의 위기를 말하였는데, 여기저기서 인문학의 온기가 느껴지고 있다. 인문학에 대한 우리 사회의 관심이 높아진 이유는 여러 가지이다. 스티브 잡스가 애플의 기업 정신이 인문학과 예술, 그리고 기술을 결합하는데 있다고 발언한 것도 그 이유의 하나이다.[5] 그러나 보다 중요한 이유는 한국인들이 이제 새로운 삶의 자세를 찾기 시작한데서 찾아야 할 것이다.

흥미로운 통계가 있다. 한국경제는 성장하는데, 행복을 느끼는 국민의

---

4) 강진갑 외, 앞의 글, 32~34쪽.

5) 강영안, 2013, 「이웃의 인문학: 이웃은 누구인가?」, 『2013년도 경기대학교 인문과학연구소 추계학술대회 - 이웃의 인문학』, 경기대학교 인문과학연구소·수원시·한국연구재단, 7쪽.

숫자는 늘지 않는다는 통계이다. 국내총생산 규모를 표시하는 GDP가 1993년 8,402달러였고, 2011년에는 2만 2,489달러였다. 2.7배나 성장하였다. 한국인들은 그동안 경제성장을 우리 사회의 당면 과제로 설정하고 이를 달성하기 위해 많은 노력을 하였다. 그 결과 산업화를 19년 만에 달성하였으며, 국내총생산은 크게 늘어났다. 그런데 갤럽의 조사 결과를 보면 스스로 행복하다고 느끼는 한국민의 수는 1993년이나 2011년이나 똑같은 52%이다. 1%도 늘지 않았다

사회 구성원의 삶의 질을 나타내는 객관적인 사회지표 중 하나가 기대수명이다. 기대수명은 출생자가 출생 직후부터 생존할 것으로 기대되는 평균 생존 연수를 말한다. 2011년 한국인의 기대수명은 81.27세이다. 2010년 유엔이 조사한 세계 기대수명인 67.9세, OECD 국가 평균 78.9세보다 높다. 1970년 한국인의 기대수명은 61.93세였는데, 40여 년 만에 31% 늘어났다. 기대수명이 늘어나는 것은 경제성장에 따른 생활수준 향상, 의료시스템 개선, 국민의 영양상태 개선의 결과이다. 한국인의 기대수명이 늘어났다는 것은 한국인들의 객관적인 삶의 질이 그만큼 향상되었다는 뜻이다.

그런데 한국인들의 삶에 대한 주관적인 만족도는 매우 낮다. 삶에 대한 만족도 조사에서 한국은 OECD 34개국 중 2012년에는 24위였고, 2013년에는 27위로 떨어졌다. 자살률은 세계 2위이고, OECD 국가 중에서는 1위이다. 2010년 기준으로 인구 10만 명당 31.2명이 자살을 하였다. 2010년 OECD 평균 자살률이 인구 10만 명당 12.8명인 것과 비교하면 2.6배 높다. 더욱 문제는 자살률이 갈수록 높아지고 있다는 사실이다. 인구 10만 명당 자살률을 보면 2005년 남자는 45.1명 여자는 18.6명이었는데, 2010년에는 남자가 49.6명, 여자가 21.4명으로 남자는 10%, 여자는 15%늘

어났나. 왜 이러한 현상이 나타나는가?[6)]

행복의 문제를 과학적으로 연구한 심리학자 에드 디너 교수가 2010년 한국을 방문하여 한국심리학회에서 「한국에서의 불행」이라는 주제로 논문을 발표한 바 있다. 그는 한국의 소득 수준이 세계에서 높은 편인데 행복을 느끼는 감정은 하위 수준이어서 놀랍다고 하였다. 그리고 많은 한국인들이 자신이 살고 있는 한국 사회에 분노를 터트리고 있으며, 직업에 대한 만족도도 높지 않고 풀이 죽어 있다고 하였다. 에드 디너 교수는 '주관적 안녕'이라는 개념을 사용하여 개인적인 성취와 주변 사람과의 관계 등과 같은 '삶의 만족도'와 즐거움을 느끼는 '긍정적 정서'가 높을수록, 슬픔, 권태, 분노와 같은 '부정적인 정서'를 적게 느낄수록 행복해진다고 하였다. 그리고 한국인들의 행복지수가 낮은 이유를 한국사회의 물질주의에서 찾고 있다. 많은 물질을 소유하는 것을 삶의 목표로 설정하면 재산이 아무리 늘어나도 만족할 수가 없다. 집이 없는 사람은 집이 있었으면 하지만, 집을 소유하고 나면 집의 크기를 늘리고 싶어 하지 않는가. 더 많은 재산을 가지고 싶은 것이 인간의 기본적인 욕망이다.[7)]

2013년 8월 현대경제연구원이 발표한 「OECD기준 중산층과 체감중산층의 괴리」에 따르면 한국인들은 OECD 기준으로 중산층에 속하는 사람 중 54.9%가 자신을 저소득층이라 생각하고 있고, 심지어 OECD 기준으로 고소득층인 사람 중에서도 24.0%가 자신을 저소득층이라 생각한다는 것이다.[8)] 이는 경세가 아무리 성장한다고 해도 삶에 대한 자세가 바뀌지

6) 강진갑, 2013, 「인문정신문화 진흥법(안)에 대한 몇 가지 의견」, 『문화융성시대, 인문정신문화 진흥을 위한 법제화 방안 공개토론회 자료집』, 김장실 국회의원실.

7) 강진갑, 「사람을 행복하게 하는 인문학」, 『경기신문』 2013년 4월 3일자.

않는 한 주관적인 행복감이 상승하지 않을 것임을 의미한다. 더 많은 재화를 가지고 경제적으로 안락한 생활을 누리기 위해 자신의 시간을 소비하고 주변 사람과의 관계를 희생하는 사람을 우리는 주변에서 흔히 볼 수 있다.

이제 한국인들은 행복해지기 위해서 삶의 목표를 다시 설정해야 할 것으로 생각된다. 소유한 재화의 많고 적음과 사회적 지위와 상관없이 모든 인간은 존엄하고 가치가 있다는 생각을 하는 사람이 늘어나야 할 것 같다. 물질주의가 나쁘기만 한 것은 아니다. 개인이 보다 많은 물질을 소유하고 경제적으로 안락한 생활을 하고 싶어 하는 욕구가 인류 역사를 발전시키는 한 원동력이 되었기 때문이다. 물질주의와 더불어 주위 사람과 함께 하겠다는 생각을 가지지 못한 것이 문제이다. 가족의 중요성을 깨닫지 못하는 것이, 같은 공동체에 속한 다른 사람의 삶에 대한 무관심이 문제이다.[9] 한국인들은 그동안 절대 빈곤에서 탈출하기 위해 앞만 보고 달려 왔다. 그 결과 이전 사회와 비교하여 물질적 성취를 이루었으나 그것만으로는 인간이 행복해지지는 않는다는 사실을 깨닫기 시작하였다.

사람이 행복해지기 위해서는 크게 두 가지가 필요하다고 한다. 하나는 물질적인 충족이고 다른 하나는 타인과 훌륭한 관계 맺기이다. 가족 간의 관계, 친구와 이웃과의 관계, 학교와 직장 동료와의 관계 등에서 만족하는 이들은 설사 경제적으로 풍요롭지 못한다 하더라도 행복지수가 높을 것이다. 그렇다고 타인과의 관계만 만족하면 경제적으로 궁핍해도

8) 「현대硏 "OECD기준 중산층 55% '나는 저소득층'"」, 『연합뉴스』 2013년 8월 27일자.

9) 강진갑, 「사람을 행복하게 하는 인문학」.

된다는 뜻은 결코 아니다. 이 양자가 모두 인간이 행복해지기 위한 필요 조건인 것은 재론할 필요가 없다. 자신을 존중하고 타인을 이해하는 폭이 넓으면 넓을수록 타인과의 관계가 만족스러울 가능성이 높다.

사람들이 인문학을 찾는 이유는 인문학이 인간과 인간의 관계를 탐구하는 학문이기 때문이다. 인문학은 사람들로 하여금 스스로를 돌아보게 만든다. 오늘이 미래를 준비하기 위해서만 존재하는 것이 아니라 오늘 하루의 삶도 지나가면 다시 돌이킬 수 없는 내 삶의 중요한 부분임을 깨닫게 해준다. 인문학은 내 주변의 다른 사람도 천천히 관찰하게 해주는 학문이다. 그래서 인문학은 나의 삶에 대한 이해에서 출발하여 나와 관계를 가진 타인, 그리고 인류 전체를 생각할 수 있는 힘을 길러준다.[10) 피로한 사회에 새로운 삶의 방식을 찾는 이들이 인문학에서 그 길을 찾으려 하기에 인문학의 열풍이 우리 사회에 불고 있는 것이다.

그렇다고 인간의 행복이 인간관계만 개선된다고 해서 이루어지는 것은 아니다. 동시에 사회의 안전망이 확보되어야 한다. 살다가 위기에 빠졌을 때 이를 구제하고 보호해 줄 사회적 장치가 필요한 것이다. 이런 사회를 만들기 위해 필요한 것이 비판적 시민 정신이다. 인문학의 본질은 비판정신이다. 인문학은 새로운 삶을 찾는 이들에게도 필요하고, 비판적인 시민으로 성장하는데도 도움을 주는 학문이다. 그래서 인문학을 찾는 이들이 많아진 것으로 생각된다.[11)]

---

10) 강진갑, 「치유와 희망의 인문학」, 『경기신문』 2013년 5월 16일자.

11) 강진갑, 2013, 「인문학도시 수원 만들기와 수원 화성문화제」, 『수원화성 문화제 50주년 기념 문화포럼 인문학도시 수원 만들기와 수원화성문화제 자료집』, 9~13쪽.

2) 유교와 유학에 대한 새로운 해석 필요

그런데 우리 사회에 불고 있는 인문학 열풍의 현장을 가보면 한국 유학에 대한 관심이 그리 높지 않음은 쉽게 확인할 수 있다. 인문학은 문사철(文史哲)이 중심이다. 그러므로 한국 인문학 역사에서 유학을 빼놓을 수 없다. 유학이 문사철을 아우르는 학문이기 때문이다. 그런데 왜 인문학 열풍의 현장에서 한국 유학에 대한 관심을 찾아보기가 어려운가.

유교와 유학은 버려야 할 과거의 유산인가? 새롭게 해석하고 이해하면 우리 시대의 활용 가능한 역사문화자원이 될 수 있을 것인가? 유학은 우리시대에도 통용되는 인문학이 될 수 없는가?

유교에 대한 현대 한국인들의 반응은 대체로 부정적이다. 유교가 여성차별적이고, 충과 효를 강조하는데서 보듯이 인간관계를 수직적으로 파악하고 있으며, 가족 정실주의와 보수적이어서 문제라는 것이다. 1985년과 2005년도 통계청의 종교인 통계를 보면 불교, 개신교, 천주교, 천도교, 원불교 등 한국의 모든 종교의 신자가 늘고 있는데, 유독 유교만 신자수가 483,366명에서 104,575명으로 78.4%가 줄었다. 한국 사회는 유교를 버리고 있다.[12)]

유교에 대한 부정적인 평가는 오랜 역사를 지니고 있다. 유교의 본고장인 중국에서도 1919년 5월 4일 일어난 신문화운동 시기에 유교는 나라를 망친 원흉으로 지탄받았다. 세계 문화를 주도해 온 강대국 중국이 19세 말 20세기 초 제국주의의 침략 아래 속절없이 무너지자, 중국

---

12) 강진갑, 2014, 「새로운 해석이 필요한 유교와 유학」, 한국고전번역원 고전칼럼 일흔 한 번째 이야기.
(http://www.itkc.or.kr/itkc/post/PostServiceDetail.jsp?menuId=M0491&clonId=POST0019&postUuid=uui-05cf172d-7a06-4266-ad49-207d).

지식인들은 그 원인이 유교 사상과 이를 바탕으로 한 사회체제에 있다고 생각하였다.[13] 20세기 들어 한국인들의 유교에 대한 인식도 부정적이었다. 식민지시대를 거치면서 유교가 나라를 망쳤다는 생각을 하고 유교를 멀리하는 이들이 많아졌다.

유교에 대해 평가가 바뀌기 시작한 것은 오래되지 않는다. 한국사학계에서는 1980년대 이후 조선시대 유교의 역사적 기능을 긍정적으로 바라보기 시작하였다. 세계 학계에서도 유교에 대한 평가가 바뀌기 시작하였다. 20세기 후반 한국을 비롯한 싱가포르, 타이완 등이 놀랄만한 경제성장을 이룩하자, 이들 국가가 유교문화권이라는 공통점을 지니고 있음을 주목하고 유교문화를 새롭게 인식하기 시작한 것이다. 동아시아 자본주의 경제성장의 힘을 유교에서 찾으려 하였다. 학계의 평가는 이처럼 달라지고 있으나 일반인들의 유교에 대한 부정적 인식은 변하지 않고 있다.

왜 그런가? 한국 유교가 조선시대 농업사회를 기반으로 발전된 봉건적인 이데올로기라서 현대 자본주의와 맞지 않아서인가? 오늘날 전 세계 많은 사람들이 받아들이고 있는 세계적인 종교 대부분이 지금부터 1,500년에서 2,000년 이전 시기, 유목사회 또는 농업사회를 기반으로 성립되었으나 지금 세계 종교로 인류사회에 뿌리 내리고 있다.

그런데 왜 비슷한 시기에 성립된 유교만 현대사회에 뿌리를 내리지 못하고 있는가. 필자는 유교 경전에 대한 해석이 현대사회와 맞지 않는 것이 이유라 생각한다. 시공을 초월하여 지속되고 있는 세계적인 종교는 모두 인류사회의 보편적인 진리를 설파하고 있다. 그러나 그러한 종교의

---

13) KBS 인사이트 아시아 유교제작팀, 2007, 『유교 아시아의 힘』, 예담, 405쪽.

경전을 찬찬히 읽어보면 오늘날 우리가 받아들이기 힘든 내용이 생각보다 많이 포함되어 있음을 알 수 있다. 이들 세계적인 종교는 보편적 가치 중심으로 재해석되고 정리되어 오늘을 사는 인류에게 전달되고 있는 것이다.[14)]

유교는 어떠한가? 유교도 그 발상지인 중국은 물론이고 한국에서도 각각의 시대에 맞추어 끊임없는 재해석의 과정을 밟아왔다. 성리학이나 양명학, 실학 모두 당시대의 사회적 요구에 맞추어 재해석한 결과물이다. 20세기 한국사회는 전반기에 식민지를, 후반기에는 산업화와 민주화를 이루었고, 사상적으로 서구사상이 유입되면서 사회는 크게 변하고 있다. 그런데 유교는 20세기의 변화하는 한국사회에 맞추어 새롭게 해석할 수 있는 시간을 가지지 못했다.[15)]

그러는 사이 한국인들은 유교와 유학이 우리 시대와 맞지 않는 가치체계이고 현세에 별 쓸모없는 낡은 학문이라고 생각하게 되었다. 지금 우리 국민의 유교에 대한 냉담은 유교 자체에 대한 보수성보다는, 재해석하여 시대에 맞는 변화의 기회를 놓친 유교에 원인이 있다고 생각된다. 그렇다면 유교가 지금 해야 할 일은 무엇인가. 유교가 내포하고 있는 보편적 가치를 현대인들이 받아들일 수 있도록 재해석하여 쉽게 받아들일 수 있게 내 놓아야 하는 것이 아닐까.

중국 유학자 장재(張載)는 모든 사람이 동포라는 사해동포주의(四海同胞主義)와 사회적 약자를 돕는 것이 효라는 논리를 다음과 같이 펼치고 있다.

---

14) 강진갑, 「인문학도시 수원 만들기와 수원 화성문화제」, 16~17쪽.

15) 박연규, 2013, 「율곡에 대한 새로운 이해와 자운향교·서원의 문화콘텐츠 활용 방안에 대한 논평」, 프린트본.

> "하늘은 아버지요 땅은 어머니이다. … 모든 사람은 나의 동포요, 여타 사물과 생명들은 내 친구이다. 군주는 집안의 맏이에 해당하고 대신들은 그 맏이를 도와주는 사람들이다. 노인을 공경하는 것이 내 집 어른을 받드는 것이고, 힘없고 외로운 자를 보살피는 것이 내 자식을 거두는 일과 같다. 위대한 자는 이 덕성이 몸에 밴 사람이오, 현자는 우리 중 뛰어난 사람이다. 천하에 고단하고 병든 사람, 부모 없고 자식 없고 지아비 없는 사람이 모두 나의 형제이다. 넘어지고도 호소할 데 없는 가련한 사람들이다. 이 덕성을 지켜가는 것이 아들 된 도리요, 이 길을 싫어하지 않고 즐겨 따르는 자가 진정한 효자이다. 이 덕성을 돌보지 않는 것은 패덕이요, 인간성을 배반하는 것이다."16)

장재는 사회적 약자야말로 우리 형제인데 이들을 돕는 것이 효자라고 하고 있다. 효를 가정에 국한하지 않고, 사회적 효로 확장해서 생각하고 있는 것이다. 현대 복지사회를 뒷받침하는 이론을 장재에게서 읽을 수 있다. 퇴계가 선조에게 올린 『성학십도』에,

> 세상 사람들은 모두 나의 동포이고, 만물은 모두 나와 같은 평등한 존재이다. 성인은 이 같은 이치를 깨닫고 실천하는 사람이다.

라는 구절이 있다. 세상사람 모두를 동포로 보자는 퇴계와 장재의 글은 사해동포주의를 표방하고 있다. 다문화사회로 접어들고 있고, 인류에 대한 관심이 필요한 글로벌 시대에 꼭 필요한 이야기이다. 이 두 가지 인용 사례가 유교에 내포되어 있는 인류사회에 적용될 수 있는 보편적 진리를 나타낸 것이라 생각된다.

---

16) 張載, 『西銘』.

효를 강조하는 향교·서원이 사회적 약자를 돕는 프로그램을 활발히 펼치고 있다는 이야기를 별로 들어보지 못했다. 청소년과 성인을 대상으로 하는 교육 프로그램에 세계인을 같은 동포로 보고, 아프리카 어린이를 포함하여 위기에 처한 세계 빈곤지역 사람들을 돕자는 프로그램을 포함시켜야 하지 않을까. 한국과 세계의 사회적 약자를 돕는 일도 유교의 가르침을 실현하는 일이다. 그렇다면 향교·서원이 새롭게 관심을 가지고 시작해야 할 일이 이러한 일들이 아닐까? 이러한 변화는 우리사회가 유교와 향교·서원에 대한 인식을 전환하는데 큰 도움을 줄 수 있을 것이다.

유교를 우리 시대에 맞는 가치, 인류가 보편적으로 받아들일 수 있는 가치에 맞게 재해석하여 우리 시대의 훌륭한 문화자산이 되게 하는 작업을 지금부터 시작하여야 한다. 우리 시대와 맞지 않는 부분은 과감한 재해석을 시도할 필요가 있다. 그리고 그 결과를 일반인들에게 알리고, 향교·서원이 앞서서 이를 연구, 교육하고 실천해야 하지 않을까. 유교가 변할 때 일반인들은 유교를 우리 시대의 소중한 문화, 정신적 자산으로 받아들일 것이다.[17)]

향교·서원 운영 개선 방안

1) 한국인의 선비에 대한 긍정적 인식

향교·서원은 조선시대 선비를 길러낸 교육기관이다. 최근 아산정책

---

17) 강진갑, 「새로운 해석이 필요한 유교와 유학」.

연구원이 한국인의 선비에 대한 여론 조사를 실시하였는데, 그 결과가 2014년 2월 『중앙일보』에 실렸다. 선비에 대해 부정적 인식을 하고 있을 것이라는 예상과 달리 한국인 75%가 선비정신이 중요하다는 조사 결과가 나왔다. 선비에 대한 부정적인 평가는 12%에 불과하였다. 조선 시대 유교 사회를 이끈 선비를 좋게 보고 우리의 중요한 정신적 자산으로 평가하고 있는 것이다. 선비 정신을 긍정적으로 평가한 응답자의 55.1%는 그 이유로 선비의 '인격 수양'을, 23.7%는 '청렴'을 들었다. 선비정신을 부정적으로 보는 이들은 '권위주의'와 '당파 싸움', '융통성 부족' 등을 이유로 꼽았다. 한국 사회가 선비정신의 영향을 받고 있느냐는 질문에 대해서는 '있다'와 '없다'가 각각 41.55와 45.7%로 비슷하게 나타났다.[18] 선비정신을 긍정적으로 이해하고 우리 사회에 필요한 가치관으로 보는 것은 주목할 만하다. 이 통계는 한국인들의 유교에 대한 인식이 긍정적으로 변하고 있음을 보여주는 증거이다. 유교가 다시 우리 사회의 문화·정신자원이 될 가능성을 알려주는 사회적 신호라 생각된다.

왜 유교와 유학을 우리 시대의 문화·정신자산으로 받아들여야 하는가. 한국 역사에서 전통문화의 중심에 자리 잡고 있는 것이 조선 시대 문화이다. 조선 시대 문화는 유교문화이다. 때문에 우리가 전통문화를 이야기하면서 유교와 유학을 버릴 수 없다. 유교와 유학을 제외하고 한국의 전통문화, 한국의 인문학을 논의할 수는 없기 때문이다. 유교와 유학이 우리 시대의 문화자원, 우리 시대 문제에 답하는 인문학이 될 수 있을 것인가. 그것의 재해석을 통한 현대화 작업을 계속한다면 충분히 가능하리라 생각된다. 유학과 유교의 현대화는 향교·서원이 사회적 약

18) 「국민 75% 선비정신 중요」, 『중앙일보』 2014년 2월 23일자.

자를 돕고 위기에 처한 세계 어린이를 돕는 일과 같은 조그마한 실천에서부터 시작될 수 있을 것으로 본다.

2) 향교·서원 활성화 기본 방향

향교 · 서원의 활성화는 향교 · 서원의 교육 기능을 회복하는데서 시작하여야 한다. 향교 · 서원에서 실시하는 교육은 유학에 대한 재해석이 바탕이 되어야 할 것이다. 유학을 중심으로 하는 인문학 교육과 인성교육, 한문교육, 경전교육, 고전 배우기, 다도교육, 한시 작법 등도 교육 프로그램에 포함될 수 있을 것이다. 그리고 향교 · 서원을 유교문화 체험 중심 공간으로 만들어야 한다. 체험은 체류자 또는 방문자를 위해 흥미와 관심을 불러일으키는 것을 중심으로 해야 한다. 전통적인 프로그램으로는 관례, 혼례, 제례, 강학례, 고유, 분향, 향사례, 기로연, 향음주례, 향사례, 투호, 수행, 전통 음악, 서예, 시조, 서화, 차, 한복체험, 전통놀이, 탁본 등을 들 수 있다. 이밖에도 공자의 육예(六藝) 등이 포함될 수 있다. 가톨릭에서 실시하는 피정이나 사찰에서 실시하는 수행의 방법처럼 유교식 정좌(靜坐)를 통해 현대인의 정신적 스트레스를 해소하는 데 도움을 줄 수 있다.

3) 향교·서원 활성화를 위한 운영 시스템 개선 방안

① 활용 시설의 확보

활용 시설 확보이다. 먼저 향교 · 서원 자체를 활용하여야 하지만 교육 기능이 확대되면 인근의 시설을 교육 공간으로 활용할 수 있을 것이다.[19]

② 인적 자원의 확보

인적 자원을 확보해야 한다. 제향에 필요한 인력은 유림만으로도 충분하지만 교육 활동에 적합한 인력은 부족하다. 현재 한국 유교는 전통을 지키는데 급급하고 새로운 사회에 맞추어 변화하지 못해 일반 대중과 점점 멀어지고 있다.

향교 · 서원의 운영 주체가 고령층 중심의 유림 집단이나 문중이기 때문에 이들과 협력하여 유교 교육과 체험, 관광안내를 담당할 전문 인력의 확보가 필요하다. 교사도 없는 학교가 아무리 좋은 시설을 갖춘들 무슨 의미가 있겠는가. 전문 인력을 양성하는 것은 중요한 일이다.[20]

③ 프로그램 개발

프로그램 개발이다. 대부분의 향교 · 서원에서 실시하는 프로그램은 대체로 한정적이다. 특히 서원은 조선시대 최고의 지식인을 배출하고 출입한 공간이었다. 오늘날도 그러한 기능을 회복해서 활용할 수 있다. 따라서 다양한 프로그램을 개발하고 향교 · 서원의 특징을 살려 특화시키는 방안이 필요하다.

공통 프로그램과 특별 프로그램을 구분해서 프로그램을 개발해야 한다. 공통 프로그램은 유교 경전과 한문교육, 예절교육, 서예 등 전통 관련 프로그램으로 어느 향교 · 서원에서나 활용 가능한 것이 되어야 하며, 특별 프로그램은 향교 · 서원 관련 인물에 대한 프로그램이나 지역적 특성을 담은 프로그램이 되어야 한다.[21]

---

19) 강진갑 외, 앞의 글, 56쪽.

20) 강진갑 외, 위의 글, 57쪽.

이와 같은 전통적인 프로그램 못지않게 중요한 것이 새롭게 해석되고 기획된 프로그램이다. 효 가족 프로그램을 예를 들면 다음과 같다. 효 프로그램의 새로운 기획은 효를 전면적으로 새롭게 우리시대에 맞는 가족 사랑으로 재해석하는 일에서 시작하여야 할 것이다. 먼저 효행상 대상자 선정 방식부터 바꾸어 보자. 자기 희생적인 효를 실행한 사람 외에 즐겁게 효를 행한 사람에게도 효행상을 시상하는 것도 한 방안이다.

우리 시대 며느리와 딸들에게 무대를 마련해 주어 그들의 이야기를 들어보자. 아이들의 눈높이에 맞춘 효, 가족 사랑운동을 펼쳐 나가자. 효 가족사랑 매뉴얼을 개발하여 효를 즐겁고 쉽게 실천할 수 있는 방법을 널리 보급해야 한다.

가족 간의 관계를 개선해 줄 '효 가족사랑' 프로그램으로는 다음과 같은 것이 있다. 가족사랑 프로그램으로는 부모가 자식에게, 자식이 부모에게 편지쓰기, 부모와 청소년이 함께 하는 캠프, 아버지와 아들이 함께 하는 캠프 등이 있다. 청소년 프로그램으로는 부모님께 감사장 드리고, 부상(副賞)으로 어머니 일을 도와드리는 증서를 증정하기(예: 어린아이가 설거지 5번 해 드리기 등등), 청소년과 대학생들이 선호하는 프로그램인 UCC공모전 개최, 청소년이 부모에게 보내는 영상편지 쓰기, 청소년의 가족사랑 토론회 등이 있다. 며느리와 딸들을 위한 프로그램으로는 며느리들의 부모 모시기 어려움을 토로하고, 새로운 부모사랑, 가족사랑 방법을 같이 고민하고 모색하는 토론의 장 '며느리들의 수다', 딸의 입장에서 효에 대해 토론하는 '딸들의 푸념'을 생각할 수 있다. 며느리들의 수다'와 '딸들의 푸념'은 토론 형식, 또는 연극을 결합한 형태로 진행할 수 있

---

21) 위와 같음.

을 것이다. 사랑받는 부모 되기 프로그램으로는 가칭 부모들이 효도 받는 방법 경연대회 등을 들 수 있다. 명절 준비를 가족 모두가 같이 하기 캠페인은 반드시 포함시켜야 할 프로그램이다. 며느리들이 명절 때의 노동 수준은 거의 중노동 수준이다. 이제 이 노동을 아버지, 딸, 사위, 아들이 함께하자는 캠페인으로 향교 · 서원에서 먼저 실천해보자.

④ 연구 기관 신설

모든 서원이 연구 기능을 수행하기 어렵다. 그러므로 연구 기능을 수행하기 위해서는 별도로 연구소를 설립할 필요가 있다. 경북이나 경남에서는 한국국학진흥원과 남명학연구소 등의 기관이 유학 연구와 편찬사업을 펼치고 있으며, 세계 속에서 한국철학 연구 거점으로서의 기능을 충실히 수행하고 있다.

기호유학이 경기실학, 위정척사의 호국 의병운동으로 확대되어간 것은 주지의 사실이다. 충청남도에서는 한국기호학연구소를 개설할 준비를 하고 있고 논산시 또한 김장생 · 김집을 중심으로 하는 대대적인 기호유학 선양기지를 만들기 위해 정책적 검토를 하고 있다. 그러므로 기호유학권에 속하는 경기도도 경기유학의 중심 거점이 건립되어 타 지역과 네트워크 체제를 구축하여 유학을 연구할 기관이 필요하다. 다른 광역자치단체도 사정은 마찬가지일 것이다.[22]

22) 강진갑, 2013, 「우리 시대 유교는 왜 필요한가」, 『유교 문화현대화를 위한 향교 · 서원 향교 조례 제정 및 운영 방안 모색을 위한 정책 토론회 자료집』, 경기문화재단 · 한국외국어대학교 · 과천향교, 19~20쪽.

향교·서원 활성화를 위한 정책 제언: 자치단체 조례 제정[23)]

1) 법률 및 조례 제정의 필요성

향교·서원 활성화는 정부의 지원과 법 제도 뒷받침 없이는 어렵다. 향교·서원 공간 운영, 인력 확보, 프로그램의 지속적인 운영을 위해서는 법적 뒷받침을 근거로 한 정부의 재정적 지원이 필요하다. 중앙정부도 서원을 활성화시키는 관계 법률 제정을 적극 검토해야 한다. 향교도 문화재로만 접근할 것이 아니라 하나의 문화공간으로 이해하고 이를 활성화시키고 법률적으로 뒷받침하는 노력이 필요하다. 동시에 지방자치단체도 향교·서원 활성화를 위한 향교·서원 지원 조례를 제정할 필요가 있다.

2) 지방자치단체의 서원 관련 조례 제정 현황

현재 5개의 지방자치단체가 서원의 관리와 운영에 관한 조례를 제정해 시행하고 있다.

지방자치단체의 서원 관련 조례의 제정 목적은 크게 3가지이다. 첫째, 전통문화의 계승 발전과 사회교육 및 정서함양이다. 울산광역시 중구 구강서원 운영관리 조례의 경우이다. 둘째, 지역의 인재 양성 및 지역문화 발전이다. 이천시 설봉서원 관리 및 운영 조례 경우이다. 셋째, 향교·서원의 운영 및 관리이다. 안동시 도산서원 관람료 징수 조례, 서천군 문헌서원 관리 및 운영에 관한 조례, 장성군 필암서원 유물전시관 및 집성관 운영에 관한 조례의 경우이다.

---

23) 강진갑 외, 앞의 글, 84~91쪽.

〈표 1〉 지역별 향교·서원 관련 조례 제정 현황

지역	조례명	제정일
울산광역시	울산광역시 중구 구강서원 운영관리 조례	2004.7.5.
경기 이천	이천시 설봉서원 관리 및 운영 조례	2007.7.2.
경북 안동	안동시 도산서원 관람료 징수 조례	2010.1.7.
전남 장성	장성군 필암서원 유물전시관 및 집성관 운영에 관한 조례	2011.5.13.
충남 서천	서천군 문헌서원 관리 및 운영에 관한 조례	2012.9.28.

조례의 주요 조항으로는 첫째, 수행 사업 관련 조항이 있다. 수행 사업 규정, 춘추 제향 봉행, 주민교육 및 교화사업, 선인들의 유적 발굴 및 선양사업, 향교 · 서원의 운영계획 수립 · 시행에 관한 사항, 향교 · 서원의 시설 관리 · 운영, 시민의 전통문화 계승발전을 위한 교양강좌, 각종 문화 프로그램 개발운영, 그 밖에 지방자치단체장이 필요하다고 인정하는 사업 등이 있다

둘째, 관리 · 운영 관련 조항이다. 그 내용으로는 운영 주체에 관한 사항 규정, 시설 이용 및 관람에 관한 규정, 향교 · 서원 시설의 사용에 관한 규정, 자료의 관리 및 반출에 관한 규정, 운영비 지원에 과한 사항 규정 등이 있다.

셋째, 관리 · 운영의 위탁 관련 조항이다. 그 내용으로는 위탁 운영의 기간 · 성격 · 세부계획 수립에 관한 사항 규정, 수탁자의 의무사항 규정, 위탁계약의 취소 및 해지 · 청문에 관한 사항 규정, 변상 책임에 관한 사항 규정, 수탁자에 대한 보고 의무 및 관계공무원의 수시 점검과 지도

감독에 응해야 함을 규정 등이 있다.

넷째, 운영위원회 관련 조항이다. 그 내용으로는 운영위원회의 설치와 기능에 관한 사항 규정, 운영위원회의 구성과 임기에 관한 사항 규정, 위원장의 직무와 간사에 관한 사항 규정, 회의 소집에 관한 사항 규정, 수당 지급에 관한 사항 규정 등이 있다.

다섯째, 편의시설 관련 조항이다. 그 내용으로는 관람자와 사용자의 편의 도모를 위한 편의시설의 설치 및 운영 규정, 필요한 경우 타인에게 임대 또는 위탁 운영 등이 있다.

여섯째, 준수사항 및 변상 책임 관련 조항이다. 그 내용으로는 향교·서원 내에서 해서는 안 되는 행위 규정, 고의 또는 과실로 인한 시설물 파손이나 수목의 손상에 대한 변상 등에 관한 내용이 있다

5개 서원 조례 조항을 비교해 보면 다음과 같다.

〈표 2〉 서원 관련 조례 조항의 항목 비교

조항 항목		구강서원	설봉서원	도산서원	필암서원	문헌서원
수행사업 관련		○	○	-	-	○
관리운영관련	운영 주체	○	○	-	-	-
	시설 이용 및 관람	-	○	○	○	○
	사용	-	-	-	○	○
	자료의 관리 및 반출	-	-	-	○	
	운영비 지원	○	○	-	○	○
위탁관련	위탁운영 기간 및 성격	○	○	-	○	○

	수탁자의 의무사항	○	○	-	○	○
	위탁의 취소 및 청문	○	○	-	○	○
	변상 책임	○	○	-	○	○
	보고 및 지도감독	○	○	-	-	○
운영위원회 관련		-	-	-	○	-
편의시설 관련		-	-	-	○	○
준수사항 및 변상 책임		-	-	-	○	○

5개 자치단체의 서원 조례의 한계는 다음과 같다. 첫째, 단일 서원의 운영규정에 대한 시 · 군 · 구 차원의 기초자치단체의 조례는 있으나 지역의 향교와 서원 전체를 포괄할 수 있는 광역자치단체 차원의 조례는 부재하다. 둘째, 관람과 사용, 위탁과 수탁에 관한 규정이 대부분이며 중장기 발전과 활성화를 위한 지원 규정이 부재하다. 셋째, 관람자, 사용자, 위탁자, 수탁자가 자치법규를 지켜야하는 주체인 경우가 많으며, 운영의 실질적인 주체가 되어야 할 문중, 지역유림, 지역주민, 민간, 지자체의 행위에 대한 원칙과 규정이 부재하다. 넷째, 도산서원을 제외하고 위탁 관리 · 운영에 대한 사항을 주로 규정하고 있고, 지원과 활성화에 대한 내용이 부족하다.

이러한 기존 조례를 분석한 결과 시사점은 다음과 같다. 첫째, 자치법규를 통해 향교 · 서원을 지속적이고 체계적으로 관리 · 운영하려는 지방자치단체의 노력과 시도가 많지는 않지만 꾸준히 이어지고 있다. 둘째, 향교 · 서원을 지역문화 발전과 지역민의 사회교육, 인성교육을 위한 장소로 활용하면서 향교·서원의 기능을 현대적인 방식으로 계승하는 지자체의 움직임이 계속되고 있다. 셋째, 정신문화유산이자 교육문화유산인 향교·서원이 현대 사회에 맞게 기능하는 한편, 지역문화 발전에 기여할 수 있는 지원조례가 마련되어야 한다.

3) 향교·서원 활성화를 위한 자치단체 조례 제정 방향

자치단체는 향교·서원의 효과적인 지원과 운영에 관한 기준 및 가이드라인을 제시하고, 향교·서원의 지원에 따른 운영의 효과가 일관되고 지속적으로 나타나도록 하기 위해 향교·서원 지원 조례를 제정할 필요가 있다. 조례가 제정되면 향교·서원의 인재양성과 사회교화 기능을 현대적으로 계승 발전시키고, 지역민의 인성개발과 지역문화 발전에 기여할 수 있을 것이다. 물론 이 조례는 향교·서원의 독립성과 자립성을 보장하고 이를 기반으로 자발적이고 자율적인 향교·서원에서의 지역문화 활성화가 이루어지도록 하는 원칙이 지켜지는 범위 내에서 제정되어야 한다.

조례에는 다음 조항이 포함되어야 할 것이다. 향교·서원의 활성화 계획 수립, 운영 자율권의 보장과 활성화 사업의 종류, 향교·서원 관리주체의 책무, 활성화사업에 대한 홍보 및 인력양성과 교육·컨설팅 실시, 정부기관·기초 자치단체·민간단체·유림단체 등 광역 차원의 교류 및 협력, 지원 대상과 지원 사업에 대한 규정, 사업 대상과 사업수행 장소에 대한 규정, 사업비 지원과 지원 신청, 지원 결정, 지원 기한, 지원금 회수에 관한 규정, 결과 보고 및 문화관광해설사 파견 지원에 관한 규정 등이 포함되어야 한다.

맺음말

향교 · 서원은 조선시대에 건립된 이후 성리학을 이데올로기로 하는 조선사회를 움직이는 기둥이었고 조선사회 교육 시스템에서 중추적 역할을 수행하였다. 20세기 후반 이후 산업화를 거치면서 유교가 새로운 사회에 적극적으로 적응하지 못하면서 유교는 국민들로부터 멀어졌다. 그 결과 향교 · 서원도 국민들로부터 멀어져 향교 · 서원의 중요한 기능의 하나인 교육기능이 매우 취약해졌다.

향교 · 서원이 다시 우리 교육기관, 문화공간이 되기 위해서는 먼저 유교가 우리시대의 문화자원, 정신자원이 되는 일이 선행되어야 한다. 이를 위해 유교의 현대적 해석 작업이 이루어져야 하고, 이를 바탕으로 향교 · 서원이 유교를 기본으로 한 교육 기관으로 거듭 태어난다면 향교 · 서원은 활성화 될 것이다

이를 위해서는 향교 · 서원의 운영 시스템이 대폭 보강되어야 하고, 향교 · 서원의 지속 가능한 활용과 활성화를 위해서는 향교 · 서원 혼자만의 힘으로는 안 되고 중앙정부와 지방자치단체의 적극적인 뒷받침이 필요하다. 이를 위해 중앙정부는 법률을 제정하고 지방자치단체는 조례를 제정할 필요가 있다.

제 1부

용인의 향교 · 서원 사람들 이야기

1_ 용인의 선생님, 이기창 선생님과의 만남

이 재 헌

용인향교 유학대학원 이기칭 원장

처음 이기창 선생님과 전화통화를 할 때부터 구술면담에 큰 기대를 했다. 이기창 선생님이 "젊은이들이 큰일을 한다"고 칭찬을 해주시며 구술면담을 흔쾌히 허락하셨기 때문이다. 그리고 선생님은 구술면담을 해본 적이 있는 경험자였기에 보다 수월한 진행을 예상했다. 하지만 5월 17일 첫 만남을 약속한 날, 학교와 매우 가까운 모현면에 살고 계신 이기창 선생님을 찾아가는 것은 쉽지 않았다. 선생님 댁이 있는 곳은 학교에서 두, 세 정거장만 가면 되는 거리였지만 초행길이여서 어디서 내려야할지 헷갈렸다. 다행히 버스에서 제대로 내렸지만 주택들이 밀집된 곳이어서 쉽게 집을 찾을 수 없었다. 할 수 없이 선생님께 전화를 드리니 친히 우리를 찾으러 나와 주셨다. “초행길이라 그럴 수 있다“며 인자한 웃음으로 우리를 맞아 주셨다. 이번 구술면담에 대한 기대가 크신 듯 했다. 구술면담을 위해 카메라를 설치하기도 전에 우리를 자리에 앉게 하고 말을 시작하실 정도로 선생님은 자신의 삶에 대해 하실 말씀이 많은 듯했다.

두 번째 면담은 용인향교에서 이루어졌다. 이번에는 첫 면담 때의 실수를 되풀이 하지 않으려고 서둘렀다. 별 문제없이 일찍 도착해서 용인향교를 돌아보는데 생각보다 아담하다는 느낌을 받았다. 그리고 무엇보다 신기했던 건 향교가 도심 한가운데 자리 잡고 있다는 것이었다. 향교의 바로 옆에 큰 상가건물이 있었고 향교의 입구 앞에는 음식점이 있었다. 중국의 여러 곳을 둘러보고 유적지를 방문[1]했을 때 전통적으로 지어진 건물들은 대부분 외딴 곳에 호젓이 있었는데 용인향교는 시멘트로 된 현대적인 건물과 맞대어 있으니 좀 낯설었지만 외로워 보이지는 않았다. 향교를 둘러보던 중 유독 다른 건물들에 비해서 웅장하게 잘 지어진 2층 건축물이 눈에 띄었다. 충효교육관이라고 불리는 이 건물은 최근에 향교교육을 위해 지어진 건물로 두 번째 구술을 하기로 약속한 장소였다. 이기창 선생님은 여러 자료까지 준비해 오시며 구술면담에 임해주셨고 이번에도 우리는 시간이 가는 줄 모르고 이기창 선생님의 이야기를 경청했다.

---

1) 글쓴이는 중국에서 청소년기를 보냈기에 글쓴이의 경험을 이야기함.

구술자가 걸어온 길

<table>
<tr><th></th><th>연 도</th><th>수상 명</th><th>수상내용</th><th>발행기관</th></tr>
<tr><td rowspan="9">수상 경력</td><td>1961년 1월 1일</td><td>면려포장증</td><td>공적이 뚜렷한 자에게 수여</td><td>국무원사무국</td></tr>
<tr><td>1972년 11월 10일</td><td>감사장</td><td>확고한 국가관을 바탕으로 조언과 협조를 하여 국립경찰의 발전에 큰 도움을 주셔서 수여</td><td>내무부</td></tr>
<tr><td>1974년 7월 16일</td><td>공로패</td><td>창의성과 지도성을 발휘하여 환경 개선의 날 1단계 평가에서 성과가 높았기 때문에 수여</td><td>용인군교육장</td></tr>
<tr><td>1976년 2월 11일</td><td>감사패</td><td>교육에 열정이 많고 아동의 학습능력이 뛰어나게 향상되어 이에 감사를 표하여 수여</td><td>서촌국민학교 학부모회</td></tr>
<tr><td>1985년 5월 15일</td><td>연공상</td><td>평생을 한결같이 교육에 종사하여 수여</td><td>대한교육협회</td></tr>
<tr><td>1991년 8월 31일</td><td>훈장증 (동백장)</td><td>평생 교육에 헌신함으로 헌법 규정에 따라 훈장을 수여</td><td>대통령</td></tr>
<tr><td>1995년 5월 15일</td><td>감사패</td><td>향교의 교육에 힘쓰고 대성했기에 감사패를 수여</td><td>용인향교</td></tr>
<tr><td>1996년 2월 24일</td><td>표창장</td><td>모든 일에 솔선수범하여 후학들에게 귀감이 되었기에 수여</td><td>성균관대학원</td></tr>
<tr><td>2012년 4월 3일</td><td>표창장</td><td>전 향교재단 이사로써 투철한 사명감으로 힘쓴 노고에 대해여 수여</td><td>경기도 향교재단</td></tr>
</table>

첫 구술면담을 한 선생님의 자택은 선생님의 삶을 이야기해 주는 듯 각종 상장과 상패들로 가득 차 있었다. 중요한 몇몇 상과 그 내용을 정리해보니 이기창 선생님이 걸어온 길이 보이는 것 같았다.

"인간이 일평생 살아봤자 백 년도 못 살아요. 그러면 그사이에 누구나 각각 가는 건 틀림없는 사실이라는 거여. 그럼 가는 사이에 무엇 남겨놓고 가느냐가 왔다 가는 사람의 할 일이여. 그것이 제대로 남겨놨으면 할 일이고 '제대로 남겨놓지 못했으면 그건 왔다 간 게 오히려 부끄러운 일이다.' 이렇게 생각을 가져 봐요."

처음에는 이 말을 들었을 때 무슨 말인지 이해가 되지 않았다. 하지만 한 학기동안 계속 이기창 선생님을 만나다보니 하신 말씀이 무엇인지 어렴풋이 짐작이 된다. 선생님이 받으신 저 많은 상들은 상으로써만이 아니라 선생님이 살면서 남기신 그 '무엇'인 것 같다. 선생님이 받으신 상들은 주로 감사패와 공로상 등으로 평생을 한결같이 교육에 힘쓰시며 모든 일에 솔선수범하여 주변인들에게 귀감이 되시고 향교와 마을발전을 위해 공적을 쌓으신 것을 치하하는 것이었다.

이 상들이 마치 선생님이 걸어오신 삶을 대변해 주는 듯 선생님은 누가 봐도 '선생님'이라는 호칭이 가장 잘 어울리는 분이다. 1946년, 20세에 선생이 된 이후로 정년퇴임할 때까지 평생 교육자로서 학문을 배우고 익히며 수많은 제자들을 양성하셨다. 그리고 현재도 용인향교의 유학대학원 원장 직을 맡고 계신다. 90이 가까운 연세에도 불구하고 앞서 말한 것처럼 세상에 무언가를 남기기 위해 용인향교에서 지금까지 학생들과 함께 하고 계신다.

배움 1

선생님은 1926년 경기도 용인에서 전주 이씨 효령대군 18대손으로 다섯 남매 중 셋째로 태어났다. 가족 중에서 특히 할아버지는 선생님의 삶에 큰 의미가 있는 분이다. 그분은 진사시[2]에 합격하시고도 "일본인한테서 월급을 받지 않겠다."고 하시며 벼슬길에 오르지 않을 정도로 강직하신 분이셨다. 할아버지는 글방에서 학생들을 가르치셨다. 선생님 나이 5살 되던 해 유합(類合[3])이라는 책으로 조부에게 한문을 배우셨다. 그 이후 할아버지에게서 배운 유학공부는 선생님을 평생 교육자로서 살게 했던 정신이 되었다.

선생님은 13살이 되자 모현보통학교에 입학했다. 선생님은 삼강오륜을 배우며 바른 생각과 행동으로 학업에 임했기에 매년마다 우등상을 받으며 졸업하셨다. 유달리 공부를 잘하고 품행이 단정했던 이기창 선생님을 눈여겨보던 일본인 교장이 어느 날 선생님에게 아버지를 모셔오라고 했다. 교장은 선생님을 고등소학교[4]로 진학시키자고 설득하셨고 만약 형편이 안 되면 일본인 교장이 사비를 써서라도 고등소학교로 보내겠다고 했다. 남남인 교장한테서 감동받은 아버지는 비록 졸업을 못하더라도 일단 용인고등소학교로 진학을 허락하셨다. 하지만 고등소학교로의 등, 하굣길은 지금은 상상도 하지 못할 정도로 고달팠다. 선생님이 살고 있던 모현면에서 버스를 타고도 한 시간이 넘는 거리였다. 이기창 선생님은 버스는 꿈도 못 꾸고 집에 있는 헌 자전거로 등, 하교를 해야만 했다. 당시에는 대부분 자갈길이어서 자전거 바퀴는 날마다 구멍이 났다. 하지만 이런 어려움에도 불구하고 선생님은 개근상을 받고 고등소학교

---

2) 조선시대 성균관에 입학할 자격을 부여하는 목적으로 실시한 과거시험.

3) 기본 한자 등을 수록한 조선시대 한자의 입문서.

4) 일제강점기에 심상소학교(보통학교)를 졸업한 아동에게 다시 2년의 보통교육을 실시하던 학교.

를 졸업했다.

'하늘은 스스로 돕는 자를 돕는다'는 말처럼 선생님의 배움의 길은 여기서 끝나지 않았다. 이번에는 용인고등소학교의 교장이 선생님의 집을 직접 방문해 서울의 소화공과학교[5]에 진학하는 것을 제안했다. 차마 거절할 수 없어 교장선생님의 의견을 따르겠다고 대답했지만 집안 형편이 넉넉하지 못해 입학금인 250원을 마련할 수 없었다. 당시 250원은 쌀 20가마를 살 수 있는 아주 큰돈이었다. 마을사람들이 입학을 축하하는 의미로 돈을 걷어 주었지만 턱없이 부족했다. 학업을 계속할 수 없게 되어 낙심하고 있던 차에 아버지께서 그 돈으로 서울여행이라도 다녀오라고 하셨다. 마침 서울에 당숙이 계셔서 찾아뵙고 진학하지 못하는 사정을 말씀드리자 그 자리에서 당숙모께서 입학금을 주시며 의식주를 해결해 줄 테니 학업을 계속하라 하셨다. 기적 같은 당숙모의 도움으로 학업을 계속할 수 있게 되었지만 해방으로 인해 소화공과학교는 4개월 만에 폐교되어 할 수 없이 선생님은 고향인 모현으로 돌아오게 되었다. 우수한 성적과 바른 품행으로 학업에 정진했지만 배움의 길은 선생님에게 결코 쉽지 않았다.

가르침 1

학업을 마치지 못하고 모현으로 돌아온 이기창 선생님을 딱하게 여긴 면사무소 직원 한 분이 교육감에게 이기창 선생님을 초등학교 교사 직에 추천하였다. 당시 일본인 교사들의 퇴거로 교사가 부족했던 차에 이기창

---

5) 오늘날 한양대학교의 전신이 되는 학교.

선생님은 능원리에 있는 간이학교의 선생님이 되셨다. 이렇게 되어 길고 긴 가르침의 삶이 시작된 것이다. 당시 모현면에는 중학교가 없어 진학하려면 서울이나 다른 지역으로 갈 수밖에 없어서 자연히 간이학교의 학생들은 거리도 멀고 학비나 등록금도 많이 드는 중학교 진학을 준비하기보다는 농사와 집안일을 도우며 살고 있었다. 이기창 선생님은 학생들에게 배움의 길을 열어주고자 중학교에 진학시키기 위해 열정을 바치셨다. 아이들을 새벽 한 시까지 가르치기도 하셨고 20km가 넘는 등, 하교 시간을 단축시키기 위해 숙식을 제공하기도 했다. 선생님의 열정에 마을 사람들도 감동을 받아 쌀을 후원해 주기도 했고, 어떤 분은 자신의 집을 야간수업과 잠자리로 사용 할 수 있게 숙소로 내어주기도 했다. 이러한 선생님의 노력과 사람들의 정성이 모아져 총 여섯 명의 중학교 진학자를 배출하였다. 모현면에 보통학교 설립 이후 중학교로 진학한 학생이 전부 다 합쳐 10명인 것을 감안할 때, 한 해에 6명이 진학한 것은 엄청난 성과였다. 당시 교장선생님이 이기창 선생님의 노력과 공로를 인정하여 선생님을 정교사로 정식 임용했다.

1950년, 이기창 선생님의 나이 스물다섯이 되던 해에 한국전쟁이 발발했다. 선생님은 영장을 받고 징병소를 방문하였지만 정교사라는 이유로 면제를 받게 되었고 두 달 남짓한 기간을 제외하고 전쟁 중에도 학생들을 계속 가르쳤다. 이후 모현국민학교로 거취를 옮겨 12년 동안 6학년 담임을 하시다 37세의 젊은 나이에 교장선생님이 되었다.

모현면에는 중학교가 없어 많은 학생들이 다른 지역으로 진학해야만 했다. 이기창 선생님이 교장 직을 맡을 때도 마찬가지였다. 먼 거리를 등하교하는 학생들을 보며 선생님은 자신도 어린 시절 그 고충을 겪었기에 누구보다 그러한 사정을 마음 아파 하셨다. 어느 날 지방 정부에서 모현면에 중학교를 세울 계획을 추진하려 한다는 희소식이 들려왔다. 그러나 그 계획은 토지구입 등 재정적인 문제로 난항을 겪고 있었다. 이기창 선생님은 이 문제를 해결하기 위해 지방 유지였던 고(故) 정형기 라성그룹 회장을 찾아가 중학교 설립에 도움을 줄 것을 청하였다. 정형기 회장은 이기창 선생님의 도움으로 모현국민학교를 졸업하여 중학교에 진학한 최초의 그 여섯 명 중 한 명이었다. 그도 어린 나이에 먼 곳으로 통학한 어려움을 겪었기에 모현에 중학교가 반드시 필요하다고 생각하여 학교 설립을 위한 토지 절반에 해당하는 금액을 선뜻 기부하였다. 나머지 절반은 이기창 선생님이 구입하여 지방정부에 중학교 부지를 제공하였다. 마침내 1975년 이기창 선생님의 헌신적인 노력 덕택에 모현에 최초의 중학교인 모현중학교가 설립되었다.

배움 2

사십 년 넘게 교육에 몸담았던 이기창 선생님은 1991년에 정년퇴직을 하게 되었다. 퇴직 후 선생님은 계속 배움의 길을 걷고자 66세라는 늦은 나이에 성균관대학교 유학(儒學)대학원에 입학하셨다. 선생님의 학문에 대한 열정은 그 연세에도 지칠 줄 몰랐다. 유학대학원 입학은 자신에게 한자를 가르치고 유학에 입문시켰던 조부의 발자취를 따르는 것이었고, 현재의 자신을 있게 한 유학에 대한 감사의 마음으로 여생을 유학공부에 전념하겠다는 의지의 표현이었다.

그렇게 공부한 결과 수많은 상들을 받으며 유학대학원을 졸업하였다. 졸업 후 수지노인대학원 원장 직을 수행하셨고 그 후에 용인향교의 전교가 되셨다. 선생님은 유학대학원에 입학할 때의 마음 그대로, 유학자로 살아가려는 다짐으로 용인향교의 전교 직을 수락하셨다. 선생님의 교육자로서의 삶은 이렇게 계속되었다.

가르침 2

전교로 부임한 용인향교는 선생님이 생각했던 모습과는 다소 거리가 있었다. 옛날에 용인향교는 충렬서원, 심곡서원과 함께 과거 급제자를 가장 많이 배출한 공립교육기관으로 지역사회의 중심적인 역할을 했다. 그러나 서양교육과정의 도입과 대세로 향교는 더 이상 설 자리를 잃고 있었다. 게다가 한국전쟁으로 향교 건물은 파괴되어 완전히 복원되지 않은 상태였다. 자체 수입도 없을 뿐더러 정부의 지원도 거의 없어 관리뿐만 아니라 운영도 힘든 상황이었다. 선생님은 전교로서 이러한 상황을 극복하기 위해 온갖 노력을 아끼지 않았다. 그 중 하나가 향교의 본 목적인 지역사회 주민을 위한 교육 프로그램을 유치할 수 있는 건물을 짓는 것이었다. 선생님의 노력으로 교육관이 완공되었다. 충

성균관대학교 총장으로부터 받은 표창장

효교육관이라고 불리는 이 건물은, 1층은 사무실로, 2층은 교육하는 장소로 사용되고 있다. 이기창 선생님이 개설했던 유학 관련 수업들은 지금도 활발하게 이곳에서 운영되고 있다. 선생님은 지금은 전교 직을 사임하시고 용인향교 유학대학원의 원장으로 매주 수요일에 고급반인 〈서사반〉을 맡아 여전히 가르치신다.

선생은 5살에 유합으로 유학에 입문해 일생에 걸쳐 유학을 공부하며 심신을 가다듬으시며 진정한 선비로서의 삶을 사시는 것 같다. 평생 자신이 공부한 철학으로 인생을 사시는 분이 몇이나 될까? 수많은 제자들의 스승이시고 마을의 존경받는 어른이시기에 이 지역민들은 대부분 이기창 선생님을 따른다. 모현의 음식점이나 가게에서는 이기창 선생님의 돈을 안 받는 경우가 허다하다. 선생님은 부담스럽다며 꼭 사례를 하시려 하지만, 끝내 돈을 받지 않는 음식점들이 대부분이다 보니 결국 이기창 선생님은 모현면에서 가급적 외식도 안하시고 장도 안 보신다. 1,400회가 넘는 결혼식의 주례를 하셨다고 하니 그러한 선생님이 얼마나 존경받는 분인지… 백 년도 되지 않는 짧은 인생이지만 그 동안 세상에 반드시 무언가를 남겨놓아야 한다는 선생님의 말씀을 되새겨 보니 사회 곳곳에서 훌륭한 역할을 하는 제자를 남겨 놓으신 선생님은 우리 시대의 진정한 스승이시다.

제언

"지금 나는 지금도 놀라는 게, 젊은 사람들, 중고등학생 여학생들이 늙은 이들 뭐 살고 싶어서 사냐고, 가지 못해 사는 거지 갈 거면 가고 말거면 말고 정도로 얘기를 하고 있단 말이에요. 기가 막힌 노릇이 아녀. 사람이 예절을 배우고 알아야 하는데 세상에, 아니, 사람하고 짐승하고 분별해야 쓰는데, 다를 게 뭐여? 사람이란 부끄러운 걸 알고, 우선 첫째. 그게 부끄러운 걸 모르면 그게 인간이여 그게? 그 앞으로 사람이, 개하고 살고 사람하고 살고 돼지하고 살 거 아니냐 이 말이여. 아유, 말할 수 없어. 이게 어디에 당하는 일이여? 그럼 이걸 (탕탕 탕탕 책상을 치면서) 저 정부에서 이걸 또 벌을 안 줘. 그러니 이게 무언가가 크게 실이 있다는 거야. 그럼 이게 고쳐져야 할 게 뭐냐 하면, 정책적으로 고쳐져야 한다 이 말이여."

이기창 선생님은 구술을 하시다가 수차례 현대 한국의 문화에 대해서 이야기 하셨다. 요즘 사람들이 외국 문물을 과도하게 받아들여 한국의 전통문화가 설자리를 잃어 간다는 것이었다. 특히 예절을 중시하는 우리의 미풍양속이 사라지는 것을 아쉬워하셨다. 사회 문제의 하나로 대두되고 있는 청소년들의 문제가 예절교육의 부재 탓이라고 하셨다. 기본예절교육은 조상을 모시는 제사와 웃어른을 대하는 태도라 할 수 있다. 말씀하시던 도중에 선생님은 갑자기 제사하는 법을 물어보셨다. 사실 지금까지 별 생각이 없었기 때문에 질문에 대답할 수 없었다. 선생님은 그럴 줄 알았다며 청소년뿐만이 아니라 성인들도 모르는 경우가 더러 있다고 하시며 미리 준비하신 자료로 제사를 모시는 법과 절하는 법을 자세히 알려 주셨다.

선생님의 말씀을 들으면서 실제로 나 자신도 일상생활에서의 예절을 잘 지키지 않는 것을 깨달았다. 사실 조부모님을 만날 때 자주 꾸중을 듣곤 한다. 오랜만에 집안 어른을 뵐 때면 절을 해야 하는 것을 종종 잊기 때문이다. 조부모님께서 화내실 정도로 중요한 의례를 왜 나는 모르는 것일까? 어릴 적 조부모님과 유년시절을 보내면서 분명 예의범절을 배웠을 텐데 오랜 시간을 떨어져 지내며 평소에 하지 않다보니 잊은 것 같다. 선생님이 우려하신대로 점점 일상생활에서 사라져 가는 것이다. 만나자마자 야단치시는 두 분이 야속하게 느껴진 적도 있었지만 선생님의 말씀을 듣고 보니 절을 안 해서 화를 내신 것이 아니라 당신들의 손자가 예절의 중요성을 인식하지 못하고 있는 것을 일깨워 주시려 한 것 같다.

구술면담을 통해 예절의 중요성을 다시 생각하게 되었다. 입시위주의 한국교육에서 예절교육의 의무화를 기대하기 힘든 것이 현실이지만 선생님의 주장대로 정책을 통해 청소년 예절 교육을 의무화된다면 우리 모두 더 품위 있는 삶을 살 수 있지 않을까에 대하여 다시 생각해 보게 되었다.

마침

구술 면담을 마치며 마지막으로 선생님께 어떤 질문을 드릴까 고민했다. 사람들은 큰돈이 생기면 자신이 진정으로 하고 싶었던 일을 할 것 같아서 선생님께 큰돈이 생기면 무엇을 하고 싶으신지 여쭤 보았다. 역시나 대답은 용인향교에 관한 것이었다. 선생님은 향교에 더 많은 프로그램을 유치해서 교육에 힘쓰고 싶어 하셨다. 유교의 가장 근간이 되는 기본예절과 도덕을 가르치는 입문반을 더 많이 개설하여 보다 많은 사람들이 유교에 입문하길 바라셨다. 남한에 수많은 향교가 있지만 용인향교만큼 많은 사람들에게 유학을 가르치는 곳은 없을 거라고 하셨으면서도 아직도 성에 안차시나보다. 특히 선생님은 최근에 대두되고 있는 사회문제의 대부분을 향교에서 진행하는 교육으로 고쳐질 수 있다고 확신하시는 것 같았다.

용인시에는 문화센터는 많지만 우리 고유의 문화를 지키고 알리는 전통문화센터가 없다. 용인향교는 예로부터 지방민의 교화와 교육을 위해 지어진 기관이었다. 과거에 향교는 지역민들에게 서로 공통된 감성과 문화를 교류할 수 있는 살아가는 공동체의 터전이었다. 신학문의 유입과 한국전쟁을 거치며 교육 기능은 사라졌지만 최근에는 충효교육관을 건립하여 예전의 본 기능을 되찾으려 노력하고 있다. 다른 향교들이 개설하지 않은 유학수업을 용인향교는 선생님이 전교로 부임한 이후 지금까지 5개 반을 십여 년 넘게 운영하고 있다. 용인향교가 용인시의 전통문화센터로써 자리매김 된다면 우리의 소중한 정신문화를 지키고 발전시켜 후세에게 계승하는 중요한 역할을 수행 할 수 있을 것이다. 그렇게 된다면 용인향교는 과거의 문화재가 아니라 현대에 우리와 생활하는 살아있는 문화재가 될 것이다.

2_ 양지향교, 양지(陽智) 볕에서 깨달음을 얻다

김태선·정지연·김영효

"뚜르르르··· 뚜르르르··· 딸깍, 여보세요?"
"안녕하세요. 송재문 고문님이신가요? 저희는 한국외국어대학교에서 구술사를 공부하는···"

양지향교 송재문 고문

송재문 고문님께 처음 연락을 드릴 때가 우리들이 가장 위축되어있던 시기인 것 같다. 처음에 구술면담을 위해 만나보려 했던 분은 원래 현재 향교의 전반적인 일을 담당하고 있는 분이었다. 설레는 마음에 향교를 찾아가 부탁을 드렸지만, 현 전교님은 향교의 역사가 아닌 본인의 이야기를 말하는 것이 부담스럽다며 우리의 청을 거절하셨다. 다른 관계자 분께 부탁해 보아도 돌아오는 대답은 동일했다. 그렇게 연달아 두 차례 거절 당하고 난 뒤, 우리는 이 일을 시작은 할 수 있을까 하는 불안감이 들었다. 개인사를 말하는 것이 어려운 일이기도 하지만, 우리가 학생이기 때문에 온전히 신뢰할 수 없어서 거절을 하신 건 아닐까하는 생각마저 들었다. 다시 힘을 내서 다른 분을 수소문하던 중, 용인문화원의 관계자 분께서 송재문 고문님을 추천해주시며 좋은 분이니 꼭 잘 되었으면 좋겠다고 하셨다. 통화를 하기 전, 연락처를 손에 쥐고 몇 차례 예행연습을 했다. 하지만 막상 번호를 누르니 심장이 떨리고 긴장해서 같은 말을 여러 번 되묻는 등 실수를 연발했다. 서툰 모습에 당연히 거절을 하시겠구나 하는 찰나, 수화기 너머로 흔쾌히 구술면담을 하시겠다는 답변이 들려왔다. 우리의 부족함에도 웃으면서 이해하시는 모습을 보며 '송재문 고문님을 가장 먼저 알았다면 좋았을 텐데' 라는 생각이 들었다. 하지만 어쩌면 우리가 이렇게 좋은 분을 뵙기 위해 조금 돌아온 것은 아닐까 싶다.

500여 년간 많은 선인들이 학문을 쌓던 양지향교에서 송재문 고문님은 두 번 이나 전교[1])를 맡으셨다. 이처럼 학식이 높은 유학자를 만나는데, 부족한 모습으로 뵐 수 없어서 '양지향교'에 대해 자세히 공부해 보았다. 양지향교의 역사도 되짚어보고, 고문님과 향교의 연관성에 대해서도 고민했다. 그러던 중 문득, '양지'라는 지명에 대해 호기심이 생겼다. 향교가 있는, 고문님이 평생을 보내신 지역, 그 자체에 대한 궁금증이었다. 사전을 찾아보니 '양지'는 볕 양(陽), 지혜로울 지(智)로 '볕든 지혜'라는 뜻이었다. 하지만 우리에게는 양지가 '지혜로운 선인들이 많은 따뜻한

---

1) 전교(典校): 향교의 책임자.

고을'이라는 의미로 다가왔다. '양지'의 의미를 새롭게 해석하고 나니 전보다 양지향교가 더 친근하게 느껴졌고, 우리가 앞으로 가야할 방향이 보였다. 마치 어두웠던 길 위에 반짝이는 햇살이 드는 것 같았다.

처음 만나 뵙기로 한 날, 우리는 일찍 나왔는데도 불구하고 초행길이라 한참을 헤매서 약속시간보다 많이 늦었다. 간신히 고문님 댁 근처에서 전화를 드리니 고문님은 웃으시며 반갑게 마중 나와 주셨다. 죄송해하는 우리에게 "처음이라 그럴 수 있다"며 인자하게 웃으시며 반겨주셨다. 그렇게 따뜻한 5월 어느 봄날, 우리는 양지의 햇살 아래 지혜로운 한분과 인연을 맺게 되었다.

유교와의 만남

"유교는··· 할아버지 대(代)까지는 한일 합방 이전에는 국교가 유교였어··· 그래서 일반적으로 조상 제사 지내는 것을 자연스럽게 어릴 적부터 보고 자랐지."

송재문 고문님은 양지에서만 한 평생을 사신 양지 토박이시다. 고문님의 조상들은 대대로 양지에 사셨다. 그러다가 할아버지 대에서 수원시 영통구로 이사를 갔는데, 그 때 7분의 삼촌들이 전염병으로 돌아가셨다. 할아버님께서는 자식을 잃은 상실감과 외로움을 이기고자 다시 고향인 양지면으로 돌아오셨다. 그래서 송재문 고문님은 친척들이 모여살고 있는 양지면 대대리에 삶의 터를 잡게 되신 것이다.

마을에 친척집이 많았기 때문에 어린 시절부터 집안 행사나 제례(祭禮)가 있을 때면 어린 고문님은 아버님의 손을 꼭 잡고 항상 따라다녔다.

고문님의 아버님은 평생 양지향교에 다니면서 예법을 공부할 만큼 '예(禮)'를 중요하게 생각하는 분이셨다.

요즘 가정에서는 제례가 많이 간편화 되었고, 핵가족화로 인해 어린 시절부터 유교의례 및 예절을 보고 자라는 것이 쉽지 않다. 당장 우리 집만 보아도 마찬가지다. 어릴 적에 외갓집에 가면 가장 먼저 하는 일이 할아버지 할머님께 절을 하고 안부를 여쭙는 거였고, 제사를 지내는 날에는 제사상을 차리는 것부터 옷 입는 것까지 사뭇 진지했다. 하지만 시간이 지나면서 모든 예식과 준비가 점차 간소화 되었고 요즘은 명절에만 의례적으로 모인다. 고문님의 말씀에 따르면, 유교의례는 누가 나서서 알려주는 것이 아닌 집안행사에 참여하면서 우리의 삶 속에서 자연스럽게 익혀나가는 것이다. 고문님께서 어린 시절에는 주위 친척들이나 아버님을 통한 생활 속의 '교육의 장'이 많았지만 현대 사회는 그런 환경이 뒷받침 되지 못한다고 하셨다. 마땅히 보존되고 지속되어야 할 우리의 문화지만 점점 관심이 사라져가는 것이 안타까워졌다.

누님들 손 붙잡고 간 학교

> "누이 분들 두 분은 워낙 나보다 나이가 위이니까… 나는 어릴망정 내가 학교 다니고 있는 동안에 여기 고개가 높고… 거리가 멀고… 통학하기가 어려워. 그러니까 나를(누이 분들이) 끌고라도 다닌다 그랬지. 그래서 내가 조금 빨리 들어간 편이여."

송재문 고문님은 남들보다 보통학교에 일찍 들어가셨다. 5살 터울의 큰 누님은 고문님을 일찍 학교에 입학시켰다. 두 명의 누님들이 '끌고'라

양지 보통학교 전경
(출처: 용인문화원 홈페이지)

도 데리고 다닐 정도로 정성이 지극했다. 당시 양지보통학교는 인근의 학생들을 전부 수용할 만큼 크지 않았기에 간단한 일본어 시험을 통과해야 입학할 수 있었다. 보통 12살에서 15살 정도에 입학을 하는데 비해 고문님은 매우 어린나이에 시험을 보게 되었다. 하지만 영특했던 고문님은 무리 없이 입학시험을 통과했고 학업을 따라가는데도 문제가 없었다.

오히려 학교를 다니는데 가장 큰 난관은 등굣길이었다. 송재문 고문님 댁에서 양지 초등학교까지 가는 길은 약 5km에 달하는 산길로 아이들이 다니기에는 매우 험난했다. 지금이야 골프장이 들어서면서 도로사정이 많이 좋아졌지만, 그 옛날 엄동설한에 두 누나 손을 꼭 잡고 간신히 고개를 넘어야 했던 그 삼남매의 등굣길이 얼마나 고생스러웠을지 생각만 해노 가슴이 짠해진다. 그렇게 다닌 곳이 양지보통학교[2)]이다.

---

2) 양지보통학교(陽智普通學校): 1908년 4월 1일 사립 추양학교라는 이름으로 개교하였다. 1911년 9월 공립으로 개편되어 양지공립보통학교로 개칭하였는데, 수업연한 4년에 2학급으로 편성되었다. 학생 수는 15명이었고, 교과

당시의 양지면은 용인에서도 가장 먼저 전기가 들어올 만큼 일찍 개화된 동네였다. 양지보통학교 역시 용인 내 다른 학교에 비해 규모가 큰 편이었다. 6학급을 수용할 수 있는 건물과 강당도 있었다. 사진으로 확인한 1900년대 초 양지보통학교의 모습은 요즘과 비교해도 손색없을 만큼 교육환경이 좋아 보였다. 특히 강당은 고문님의 많은 추억이 깃든 공간으로 5, 6학년이 합동으로 음악수업도 하고 누에도 친 곳이다. 강당 옆 외양간에서는 송아지도 길렀다. 당번을 정해서 풀을 베어 작두로 썰어서 여물을 먹이곤 했다. 한번은 당번이 풀을 자르는데, 한 성질 급한 송아지가 혓바닥을 내밀어 풀을 빼먹다가 그대로 혓바닥이 잘린 적도 있었다. 고문님은 시종일관 싱글벙글 웃으시며 그 당시 이야기를 생생하게 들려주셨다. 이야기를 듣고 있는 우리의 눈앞에 양지보통학교의 모습이 생동감 있게 펼쳐지는 듯 했다. 옛 추억에 들뜬 고문님, 그 이야기를 듣고 있는 우리, 마당에서 연신 시끄럽게 짖어대던 강아지, 모두가 즐거웠다.

향교를 향한 첫걸음

"우리가 제례행사를 보고… 제사 참석하고… 학교에 오면은 그날 저녁때부터… 그 흉내를 이모탱이 저모탱이에서 학교서 노는 시간이면 그 소리를 많이 냈어."

목은 수신(修身: 도덕) · 일어 · 한문 · 국어 · 산술 · 이과(理科: 자연) · 도서 · 체조 등이 있었다. 1922년 수업연한이 6년으로 연장되었고, 1938년 양지공립심상소학교, 1941년 양지공립국민학교로 개칭되었다. 1947년 12월 제일분교장이 독립하였고, 1949년 4월 양지국민학교로 교명을 변경하고 학급 수를 9학급으로 편성하였다.

송재문 고문님이 양지향교에 처음으로 발을 들인 것은 보통학교 시절이었다. 향교에서 제사가 열리는 날이면 학교에서 단체로 견학을 갔다. 요즘 사람들은 향교에 크게 관심을 갖지 않지만 볼거리가 부족했던 당시의 향교 석전대제[3]는 사람구경도 할 수 있고 제사 음식도 맛볼 수 있는 축제와 같은 행사였다. 이웃 아저씨가 긴 옥빛 두루마기를 입고 다니는 예사롭지 않은 모습과 흥겨운 마을 분위기와 맛있는 음식들은 고문님에게 잊혀 지지 않는 기억이 되었고 마치 어제 일처럼 남아있다.

가장 재미있었던 이야기는 함께 향교를 방문했던 학급 친구들과 관련된 것이다. 제례를 주관하는 사회자가 식순을 한 점, 한 점 외치고, 그 순서에 따라 제사가 진행된다. 그 중 절을 해야 할 때는 배(排), 일어서야 할 때는 흥(興)이라고 하는데 사회자가 소리를 길게 내면서 “배이~~”, “흥~~” 이렇게 외친다.

어린 고문님과 친구들은 제사순서나 용어에 대해서 잘 몰랐기 때문에 “배이~~”를 “바위~~!”로 잘못 들어 학교에서 아이들은 “바위~~~ 흥~~!!”이라고 외치며 놀았다. 향교에서 돌아온 아이들에게 며칠 동안은 제사를 흉내 내는 것도 하나의 놀이였다. 비록 제사의 순서나 용어 등은 이해하지 못했지만 향교와 관련된 유년시절의 기억들은 친구들과 함께 놀았던 좋은 추억이 되었다.

전후(戰後) – 향교의 재건

“우리 셋, 젊은 사람 셋이 들어가서 그 중에서 활동을 해가지고 한 사람은

---

3) 문묘(文廟)에서 공자를 비롯한 성현에게 제사를 지내는 의식.

총무를 맡아서 보고, 향교의 총무. 그러고서 우리 셋이 열심히 뜻을 모아서 활동을 해가지고 준공허가 이런 것을 다 받았지. 정식으로 그러고선 발족을 한 거여."

"나의 살던 고향은 꽃피는 산골~ 그 속에서 놀던 때가 그립습니다."

동요 〈고향의 봄〉 우리 세대에게도 친숙한 동요이고 무언가 가슴을 뭉클하게 만드는 느낌을 준다. 송재문 고문님은 고향 양지바른 마을에서 친척들과 함께 살고 친구들과 행복했던 유년기를 보냈으나 한국전쟁은 평화롭고 행복한 일상을 송두리째 빼앗아 버렸다. 1950년 6월 25일. 북한군의 기습공격으로 무방비 상태인 한반도는 전쟁의 불길에 휩싸이게 되었고 양지도 예외는 아니었다. 고문님의 가족들은 피난을 떠나야 했고, 고문님은 징집되어 전쟁터로 가야만 했다. 전쟁 중 상해를 입고 1951년 명예제대를 하게 되어 돌아온 고향은 더 이상 꽃피는 산골이 아니었다. 건물은 형태를 알 수 없게 되었고, 논과 밭 그리고 산까지 불에 타 폐허가 되어 회복이 불가능해 보였다.

고향에 돌아온 송재문 고문님이 가장 먼저 한 일은 피해 입은 마을을 복구하는 것이었다. 동사무소에 취직하여 부서진 집을 수리하고 땅을 경작하는 등 힘든 일들을 하셨다. 몸은 고되고 힘들었지만 하루하루 마을이 예전 모습을 갖추는 것을 보며 보람을 느꼈다. 평소와 같이 마을 일을 하던 중, 고문님은 황폐해진 양지향교에 가게 되었다. 그곳은 유년 시절 추억이 담긴 장소인 동시에 우리의 유교정신을 후손에게 물려주어야 하는 터전이었다. 그 날로 고문님은 향교 복구에 전념하기로 결심하셨다.

막상 향교를 복구하자니 시작부터 마마했다. 진쟁으로 인해 건물들이 파손된 것은 물론이고 향교에서 보관하던 많은 물건들과 서책들이 사라졌다. 특히 피난 당시 위패[4]를 수습하지 못해 위패가 소실된 것이 가장 큰 문제였다. 무엇부터 시작해야 할지 몰라 혼란스러웠다. 그러나 다행히 송재문 고문님과 뜻을 같이 하겠다는 동료 두 명이 생겼고, 이들의 노력으로 양지향교를 재건할 수 있게 되었다. 양지향교의 어려운 사정을 들은 지방 유생들도 조금씩 돈을 모아 건물 복원에 힘써 주었다. 또한 어느 독지가의 도움으로 향교 옆에 회관을 건립하여 교육활동을 할 수 있게 되어 자체수입도 생겼다. 소실된 위패도 중앙향교에 가서 원형을 찾아 복원했다. 약 15년 동안 모두가 한마음으로 노력한 끝에 양지향교는 지금과 같은 모습을 갖추게 되었고 그 결과 1983년 9월, 양지향교는 경기도 지방문화재 제23호로 지정을 받게 되었다.

지혜로운 선인들의 공간: 양지향교(陽智鄕校)

> "홍살문을 지나서 들어가면 그때부터는… 자세를 가다듬어야 돼. 공수를 한다든가 다소곳해야지. 뒷짐을 짚고 당당하게 걷고 그러면 절대로 안 된다. 나쁜 말로 말하면 가래침도 뱉으면 안 되고… 경건한 마음으로 점잖게 하고 들어가야지."

그렇다면 향교는 어떤 곳일까. 향교는 현(마을)마다 있던 국립 교육기관으로, 최초의 향교는 고려 인종 5년(1127)에 세워졌다. 또한 제례를 지

---

4) 단(壇), 묘(廟), 원(院), 절 따위에 모시는 신주(神主)의 이름을 적은 나무패.

양지향교 대성전 전경

내며 옛 선현의 가르침을 기억하고 배우는 곳이다. 양지향교는 조선 중종 18년(1523)에 세워져, 현재 용인시 문화재 제23호로 지정되었다. 양지향교의 외삼문 뒤에는 학생들을 가르치는 장소인 명륜당이 있고, 그 뒤 내삼문을 지나면 선현을 모시는 대성전이 있다. 이를 전형적인 전학후묘(前學後廟)[5]의 배치라고 한다. 명륜당의 양옆에는 원래 학생들의 기숙사인 동, 서재가 있었는데, 몇 백 년 전에 소실되어 터만 희미하게 남아있다. 명륜당 뒤에 대성전으로 통하는 내삼문이 있고 내삼문까지 이어지는 계단은 폭이 좁기 때문에 몸을 옆으로 돌리고 한 계단씩 올라가야만 한다. 선현들의 제사를 모시러 가는 계단에서 예를 갖추기 위해 일부러 폭을 좁게 만든 것이다.

---

5) 서원·향교의 배치법으로 앞쪽에 학업용 건물을 뒤쪽에 묘당을 배치한 것.

옆에서 보면 八자 모습의 맞배지붕[6] 대성전은 중앙향교인 성균관이 정한 25분을 모신다. 25분 중에 중심이 되는 분은 유학의 첫 스승인 공자님이다. 대성전의 북쪽의 가장 높은 곳에 공자님을 모시고, 그 앞에는 유교의 네 명의 성인. 즉, 4성(聖)[7]이라고 해서 증자, 안자, 맹자, 자사를 모신다. 그리고 동쪽과 서쪽에는 어질 현(賢)이라고 동방 18현[8]과 중국의 성현인 정이[9], 주희[10]를 포함해서 20분이 있다. 중앙에 5분을 모시고, 양쪽에 20분, 총 25분을 모신다.

향교의 내부는 밖에서 본 것과는 다른 신비로운 느낌으로 가득 차 있었다. 단순히 시끄럽게 떠들거나 침을 뱉어서는 안 되는 일반적인 규범과는 다른, 눈에는 보이지 않은 법도와 규칙들이 느껴졌다. 향교의 문을

---

6) 지붕의 완각이 잘려진 가장 간단한 지붕형식으로, 지붕면이 양쪽으로 경사를 지어 책을 반쯤 펴놓은 八자형으로 되어있다.

7) 유교의 네 성인. 공자의 제자인 안자(顔子), 증자(曾子), 자사(子思), 맹자(孟子).

8) 동방 18현: 동방 18현(東方十八賢) 또는 동국 18현(東國十八賢)은 문묘에서 배향하는 한국의 유학자들을 말한다. 동방 18현의 목록은 다음과 같다. 문창후(文昌侯) 최치원, 홍유후 (弘儒侯) 설총, 문성공 (文成公) 안유, 문충공 (文忠公) 정몽주, 문헌공 (文憲公) 정여창, 문경공 (文敬公) 김굉필, 문원공 (文元公) 이언적, 문정공 (文正公) 조광조, 문정공 (文正公) 김인후, 문순공 (文純公) 이황, 문간공 (文簡公) 성혼, 문성공 (文成公) 이이, 문열공 (文烈公) 조헌, 문원공 (文元公) 김장생, 문정공 (文正公) 송시열, 문경공 (文敬公) 김집, 문순공 (文純公) 박세채, 문정공 (文正公) 송준길.

9) 정이: 정이는 형 정호와 함께 '이정(二程)'이라 불린다. 이들은 이른바 '낙학(洛學)'이라고 불리는 새로운 학파를 창시하여 훗날 주희(朱熹)가 성리학(性理學)을 집대성하는 데 중요한 토대를 제공했다.

10) 주희: 주희는 [대학], [논어], [맹자], [중용]을 사자(四子)라는 사서를 집주하면서 자연적인 올바른 이치(理)와 그것이 인간 본성으로 내면화된 성(性)을 중심으로 재해석함으로써, 이른바 성리학(性理學)의 기반을 다졌다.

양지향교 안내도

드나들 때도 계단을 오르내릴 때도 법도가 있었다. 양지향교의 모든 출입구에는 문이 3개가 있다. 이 중에서 가운데 문은 조상신이 다니시는 곳으로 제례가 있는 날을 제외하고 평소에는 열어놓지도 않지만, 혹 열려있다 해도 사람들은 절대 발을 들여서는 안 된다. 오른쪽 문은 들어가는 문이고, 왼쪽 문은 나오는 문이다. 옛 사람들은 오른쪽이 길(吉)하다고 생각했기 때문에 항상 오른쪽 문을 이용했다. 그래서 들어갈 때도 오른쪽으로 들어가고 나올 때도 (본인 기준) 오른쪽 문으로 나오는 것이다. 이것을 밖에서 보면 사람들이 나오는 문이 왼쪽이 되는 것이다.

선현들을 모시는 사당인 대성전에 가려면 좁은 계단을 올라가야 하는데 계단 위에서는 반드시 두 발을 모아야 한다. 이것을 '취족승강법[11]'이

11) 취족승강법(聚足昇降法): 발을 모으고 몸을 옆으로 해서 계단을 한 계단씩 올라가는 방식으로 서원과 향교에서 내삼문을 올라갈 때는 이 방법으로 올

라고 한다. 계단을 단숨에 올라가지 못하게 하는 것은 조상신에게 예를 갖추게 하려는 의도로, 조상신을 뵈러 갈 때 경건한 마음으로 다소곳한 몸가짐을 갖추어야 한다는 뜻이다. 이렇듯 양지향교는 방문자들에게 예절과 법도를 온몸으로 알려주고 따르게 하고 있다. 지혜로운 선인의 공간을 예법을 갖춰 다녀오니, 마치 우리도 지혜로운 사람이 된 것 같았다.

향교에서의 교육

> "향교만 지어서 뭐해, 공부만 해서도 안 돼. 사람이 되려면 예절을 알아야 공부를 한 보람이 있지. 향교에서 공부만 하는 게 아니라 예절교육도 시행해야 돼."

송재문 고문님은 유년시절부터 아버지의 손을 잡고 양지향교에 다니시며 유교를 몸으로 배우신 진정한 유학자이시다. 전쟁 후, 양지향교 재건을 주도하는 등 많은 노력을 기울인 고문님은 1963년, 34살의 젊은 나이에 전교로 임명되었다.

전교 직을 맡으며 가장 중요하게 여기신 부분은 유교를 일반인들에게 교육하고 전파하는 것이었다. 이를 위해 향교 옆에 회관을 건립하여 기본생활예절과 사자소학(四字小學)[12]을 가르치기 시작하여 현재까지 예

라가야 한다. 이는 신께 예를 표하는 방식 중 하나이다.

12) 사자소학(四字小學): 사자소학은 주희의 소학과 기타 여러 경전의 내용을 알기 쉽게 생활한자로 편집한 한자학습의 입문서. 옛날에 서당에서 공부하는 아이들이 가장 먼저 배우는 한자의 기초 교과서이다.

절을 가르치는 프로그램을 운영한다. 원하는 사람이면 마을의 어르신부터 어린이까지 누구나 향교의 교육 프로그램에 참여할 수 있다. 월요일은 한문서예, 화요일은 한글서예를 한다. 수요일에는 다도를 가르친다. 이 모든 프로그램에서 우리의 전통 예절을 중시하며 덕을 쌓는 학문인 유교를 가르친다. 현재는 중장년층만 참여하시는데, 아이들을 위한 별도의 프로그램을 만드는 것도 좋지 않을까싶다.

고문님의 교육은 향교 내에서만 그치지 않았다. 일반 학교와 근처 4개의 지역회관, 가정 내에서도 예절교육을 가르치셨다. 평생을 지역사회에서 유교와 예절을 가르치시다보니 인근 지역에 고문님을 모르는 사람이 거의 없다. 길을 가다가 모르는 사람에게서 종종 인사를 받곤 하시는데 도저히 누군지 기억이 안 나서 좇아가서 물어보신 경우가 허다하다고 한다. 알고 보니 모두 과거에 학교나 향교에서 가르쳤던 학생들이었다. 강의를 하지 않을 때에도 고문님의 예절 교육은 때와 장소를 불문하고 계속되었다. 그 열정은 집안으로까지 이어져 자녀들 또한 생활 속에서 유교의 가르침을 실천할 수 있도록 했다.

송재문 고문님은 "요즘 사람들은 제대로 절하는 방법도 모른다."고 안타까워하시며 우리에게도 본인이 가장 중요하게 여기는 삶의 근본인 예절을 가르쳐주고 싶어 하셨다. 절이 예절의 첫걸음이라 말씀해 주시며 거동이 불편하심에도 불구하고 몸소 우리에게 절하는 방법을 가르쳐주셨다. 이런 고문님의 가르침에서 진정한 예를 배운 것 같았다.

유교와 예절 교육에 한평생을 보내신 송재문 고문님을 뵈니, 초등학교 시절 부모님의 권유로 방문한 청학동이 생각났다. 새로운 친구들과 재밌게 놀 수 있겠다는 기대감을 안고 버스에 몸을 실었다. 그러나 도착한 곳은 높은 건물은 하나도 보이지 않는 깊은 산골이었다. 아무것도 모른

채 옹기종기 모여 있는데 갓과 한복을 차려입고 긴 수염을 기르신 훈장님이 조가집에서 나오셨다. 민속촌에서만 볼 수 있는 광경이 눈앞에 펼쳐져 무척 신기했었다. 훈장님은 인자하신 외모와 달리 첫 만남부터 어린 우리들에게 엄격하게 대하셨다. 밤마다 천자문을 외우게 하셨는데, 늦게 외워서 열외를 당해 혼난 기억도 있다. 어린 시절 처음으로 겪는 경험이라 그 당시엔 훈장님이 밉고 힘들었다. 하지만 항상 웃어른들께 존댓말과 인사를 바르게 하는 것은 물론, 부모님께 효도를 해야 한다고 당부하신 훈장님의 말씀은 아직도 기억에 선명하다. 지금 생각해보면 청학동의 훈장님과 송재문 고문님 두 분 모두 유교의 예의(禮義)정신을 후대에게 심어주시고자 최선의 교육을 하신 것 같다.

현인의 가르침

> "옛날에는 위에서 아래로는 사랑을 하고, 아랫사람은 위의 어른을 존경을 했어. 이게 맞죠? (그런데 지금은)… 순서 없이 무분별하게 너무 자유롭게 살어… 그게 조금 불만스러운데, 이거를 우리네가 내세우고 그러면은… 케케묵은 옛날 늙은이 소리여. 그게… 참 답답해요."

송재문 고문님은 누구보다 예를 중요시 하는 분이시다. 어린 시절 한 동네에 집안의 일가친척들이 모두 모여 살았기에 일상에서 자연스럽게 말과 행동의 예절을 익힐 수 있었다. 자신의 아이만 올바르게 키우려 한 것이 아니라 같은 동네에서 사는 아이들이 바르게 클 수 있도록 함께 노력했다. 오며 가며 마주치는 아이들을 자식처럼 생각하며 언행과 몸가짐에 대하여 가르침을 아끼지 않았다. 어렸을 때부터 어른과 함께 생활

해서 일까? 유교에서도 가장 중요시하는 덕목이 '예(禮)'이어서일까? 송재문 고문님은 예절이 몸에 배어 있는 분이셨다. 어린 우리에게 말씀하실 때에도 아랫사람에 대한 존중을 잃지 않으셨다. 고문님은 예의 기본으로 언행을 중시하셨는데 올바른 언행이란 나이와 연륜에 걸맞게 언어를 구사하는 것이라고 하셨다. 많은 사람들이 호칭과 존칭어 등을 제대로 사용하지 못하는 경우를 자주 보신다며 호칭에 대한 쉬운 예시를 들으며 설명하여 주셨다.

부모님을 부르는 호칭은 나이에 따라 조금씩 달라진다. 아이일 때는 '아빠, 엄마', 청소년기에는 '아버지, 어머니'라고 불러야하고, 성인이 되면 '아버님, 어머님'이라고 하는 것이 옳다. 하지만 요즘 사람들은 성인이 되어도 대부분 아이와 같이 '아빠, 엄마'라는 호칭을 사용한다. 얼마 전 고문님은 방송에서 한 군인이 부모님께 영상편지를 보내는 중에 눈물을 글썽이며 "아빠! 엄마! 사랑해요!"라고 외치는 것을 보셨다고 한다. 그의 외침에서 부모님에 대한 사랑은 느꼈지만 예(禮)에 맞는 호칭이 아니라며 안타까웠다고 하셨다. 옛날처럼 격에 맞는 호칭을 사용하는 것이 바람직하겠지만 이미 세상을 되돌리는 것은 어렵다며 '아버님, 어머님'까지는 아니더라도 '아버지, 어머니' 정도의 호칭을 젊은이들이 사용했으면 하는 것이 고문님의 바람이다.

송재문 고문님이 걱정하는 또 다른 문제는 '제사'이다. 제사의 의미는 조상의 넋을 기리고 조상에 대한 예와 효를 표하는 것인데 부를 과시하는 수단으로 혹은 종교적 이유로 변질되어가는 것을 안타까워 하셨다. 옛날에는 제사를 지낼 때, 생활이 풍족하지 못해 전과 생선 등 구색을 제대로 갖추지는 못해도 조상에 대한 마음과 정성을 다해 차렸다. 제사상에는 작은 살림이라도 정성을 다해 만든 밥과 고깃국만 올려 온 집안

사람들이 모여 제사를 지내고, 남은 음식을 나눠먹으며 정을 나누었다. 제사상이 얼마나 성대한지보다 제사를 얼마나 진심으로 지내고, 온 가족이 모여 서로 안부를 물으며 조상을 생각하는지에 의미가 있었다. 그러나 요즘 사람들은 제사를 종교적인 이유로 회피하기도 하고, 물질적인 풍요를 과시하는 것으로 착각한다며 제사의 본질과 중요성에 대해 거듭 강조하셨다.

우리들의 변한 모습이 어쩔 수 없는 흐름이라는 생각도 들지만, 예를 모르고 자신의 뿌리를 잃은 것으로 보여 안타깝다. 제사는 조상신을 숭배하는 것이 아니라 단지 아랫사람으로서 뿌리가 되는 윗사람에 대한 예를 지키는 것이기 때문에 후손으로서의 도리를 다한다고 생각하면 기독교의 교리에 틀리지 않은 행동이다. 또한 많은 돈을 들이고 비싼 음식을 올려 성대하게 제사를 지내야 한다는 사람들의 생각도 잘못된 것 같다. 제사는 자손들이 조상들의 은혜를 생각하며 '정성'을 보이는 것이기 때문에, 돈의 액수와 상관없이 자신의 여건에 맞게 준비하고 진심어린 마음으로 지낸다면 그것이 가장 성대한 제사라는 생각이 들었다. 고문님은 사람들이 물질에 치우쳐 본질을 놓치는, 어리석은 행동은 하지 않길 바라신다.

두 시간가량의 대화를 마치고 대문을 나와 작별인사를 하는데, 고문님께서 손을 내밀어 악수를 청하셨다. 짧은 순간이었지만, 마주잡은 주름진 손의 마디마디에서 고문님의 오랜 삶이 느껴졌다. 처음에 구술면담을 위해 연락드렸을 때는 이렇게 정이 들 거라고는 예상하지 못했다. 그동안 함께 했던 시간들이 떠올랐다. 떨렸던 첫 통화부터 시작해서 어린 시절이야기, 황폐했던 양지향교의 재건과 교육에 전념한 이야기 그리고 직접 절을 해 본 특별한 경험들이었다. 이야기를 듣는 마지막 날이라 생각하니 아쉬움에 발걸음이 쉽게 떨어지지 않았다. 면담 내내 요란하게 들렸던 개 짖는 소리마저 우리가 가는 것을 아쉬워하는 것처럼 들렸다. 그새 정이 들었나보다. 그날, 흰 구름이 가득한 파란 하늘 아래 여름을 준비하는 초록잎사귀가 살랑살랑 흔들리고…. 그 사이를 천천히 걸어가시는 고문님의 뒷모습에서 예와 유교를 중시하던 오래된 선비의 모습을 볼 수 있었다.

3_ '평범한' 서원 할아버지의 '평범하지 않은' 이야기

이슬이 · 이지연 · 채민희

포은 정몽주 선생의 우국(憂國)[1]정신

此身死了死了(차신사료사료)
一百番更死了(일백번갱사료)
白骨爲塵土 (백골위진토)
魂魄有也無 (혼백유야무)
向主一片丹心(향주일편단심)
寧有改理與之(영유개리여지)

"이몸이 / 죽고죽어 / 일백번 / 고쳐죽어
백골이 / 진토되어 / 넋이라노 / 있고없고
임향한 / 일편단심이야 / 가실줄이 / 있으랴."
정몽주 - 「단심가」

1) 나랏일을 근심하고 염려함.

충렬서원 정두화 부원장

'충(忠)'에 뿌리를 두고 있는 충렬서원에 가장 잘 어울리는 한시가 바로 이 '단심가[2]'가 아닐까? 교과서에는 물론, 시험이나 퀴즈대회에도 단골로 등장하는 이 한시는 우리나라 사람이라면 나이를 불문하고 누구나 한 번쯤 읽어봤을 '국민 한시'이다. 그러나 사실 나는 한시와 그다지 친하지 않았다. 고등학생시절 한자어로 가득한 한시를 읽고 나면 감동은커녕 머리가 아팠고, 그런 한시를 배우는 고전문학 시간에는 나도 모르게 저절로 눈이 감기곤 했다. 입시를 위해 많은 한시를 외웠지만 몇 년이 지난 지금, 기억나는 한시는 그나마 내용이 짧은 이 단심가 하나뿐이다. 그런데, 이 단심가가 충렬서원 축조와 관련이 있다고 한다.

고려 말에 포은 정몽주 선생이 쓴 이 시는 단 한명의 왕만 섬긴다는 불사이군(不事二君)[3] 정신을 나타낸 대표적인 한시이다. 그러나 이방원은 조선건국에 끝까지 협력하지 않은 포은 선생을 암살하라고 지시하였고, 결국 1392년 우국(憂國)정신이 깃든 선생의 붉은 피가 선죽교에 흩뿌려지고 말았다. 그러나 죽음 앞에서도 충절을 지킨 포은 선생의 모습에 감동을 받았는지 훗날 왕위에 오른 이방원은 선생을 영의정에 추증하고,

---

2) 고려 말기에 정몽주가 지은 시조. 고려에 대한 충절을 읊은 것으로, 이방원의 〈하여가〉에 답하여 지었다.

3) 두 임금을 섬기지 아니함.

묘역을 거대하게 지어 자신의 신하들이 선생의 충성심을 본받도록 하였다. 그래서인지 선생의 죽음, 그리고 매서운 칼날 앞에서도 흔들리지 않았던 고매한 충절은 많은 사람들에게 오랫동안 기억되었고, 이는 서원 축조로 이어졌다.

광해군 원년(1608)에는 임금이 직접 이 서원에 '충성스러운 열사'라는 뜻의 '충렬(忠烈)'이라는 이름과 현판을 하사하기도 했다. 이름에서도 알 수 있듯이 충렬서원은 나라를 위해 목숨을 아끼지 않은 충신이나 열사들을 배향하는 제단이었다. 뿐만 아니라 제2, 제3의 충성스러운 인재들을 양성하는 유학교육의 전당이기도 했다.

충렬서원은 우리가 공부하는 한국외대 글로벌캠퍼스에서 그리 멀지 않은 곳에 있다. 서원에 찾아가 보니 서원으로 들어가는 외삼문은 자물쇠로 굳게 잠겨 있었고 평소에는 서원 문을 닫고 있다가 향사나 분향 같은 일이 있을 때만 잠깐 연다고 한다. 요즘 사람들이 서원이나 충효교육에 관심을 갖지 않기 때문이라는 생각에 안타까웠다. 대중의 무관심 속에 소중한 우리의 문화가 사진이나 문서 등의 기록 속으로 사라지고 있는 것이다. 그러던 중 충렬서원 근처에 사시면서 충효 정신을 전수하고 서원을 지키고 있는 분을 찾을 수 있었다. 바로 정두화 충렬서원 부원장님이다. 부원장님은 포은 선생의 19대 후손으로, 포은 할아버지의 산소를 지키기 위해 약 20여 년 전에 모현면 능원리로 오셨나. 부원장님은 우리에게 부원장님의 인생과 경험을 통해 충렬서원과 충효 정신에 대한 이야기를 해주셨다.

결코 평범하지 않은 한 꼬마병사 이야기

1) 나라를 빼앗긴 아이, 위태로운 모험을 겪다

1930년, 부원장님은 충남 공주에서 3남 4녀 중 막내로 태어나셨다. 풍족한 집안은 아니었지만 화목했고 호랑이 같은 집안 어른들도 막내인 부원장님을 무척이나 귀여워 해 주셨다. 그런데 부원장님네 동네에 전염병이 퍼져 많은 사람들이 목숨을 잃게 되었다. 부원장님의 아버지는 이 돌림병을 피해 어린 아들을 데리고 아버지의 외가인 충남 대덕으로 거처를 옮겼다. 그렇게 부원장님은 낯선 곳에서 유년기를 보내게 되었다.

농사일을 하며 틈틈이 한학 공부도 하시던 부모님을 보면서 자란 부원장님은 공부에 대한 호기심도 많았다. 그러나 국민학교 입학 후 크게 실망할 수밖에 없었다. 당시 학교에서는 어린 학생들에게 공부를 가르치는 대신 농사일을 시켰기 때문이다. 엎친 데 덮친 격으로 일학년 때 배우던 한글을 그 해 가을부터는 더 이상 배울 수도 없었을 뿐 아니라 교실 내에서는 일본어만 써야 했다. 어려운 집안 형편에 학업을 이어나가기도 힘든데다 이러한 학교생활에도 흥미를 느끼지 못한 부원장님은 중학교로 진학하는 대신 직업을 갖기로 결심하셨다. 여기저기 수소문하여 알아보던 중 진해에 있는 비행기 공장에서 직업 연수를 받으면 기술자로 취업할 수 있다는 소식을 듣게 되었다. 열네 살, 어린 나이의 부원장님은 혈혈단신으로 집을 떠나 진해에서 직업 연수를 받으며 일자리가 생기기를 기다렸다.

약 4개월 뒤 부원장님은 일본 히로시마에 위치한 무기 공장으로 가게 되었다. 제2차 세계대전이 한창인 시기에 조국을 떠나 일본까지 가야했지만 숙식 제공에 비교적 높은 임금까지 보장되어 있었기에 마다할 이유가 없었다. 거대한 배에 작은 몸을 실은 부원장님의 인생 최대 모험이 시작되었다. 히로시마에 도착한 부원장님은 공장 생활에 잘 적응했고, 온화한 성격으로 친한 동료들도 많이 사귀었다. 비행기 공장에서 직업 연수를 받고 왔기 때문에 무기 공장 일도 그다지 어렵지 않았다. 평소와 같이 공장에 출근하던 어느 날 아침, 갑자기 하늘에서 번갯불 같은 게 떨어졌다. 무섭게 곤두박질치던 불빛은 땅에 채 닿기도 전에 화염으로 변했다. 생전 한 번도 본 적 없는 광경에 눈을 비비고 다시 고개를 들었다. 아주 먼 거리였지만 무언가가 폭발한 것이 분명했다. 마치 거대한 기름통에 불이 난 것처럼 굵은 연기 기둥이 하늘을 향해 솟구쳤다.

"우리가 눈으로 보기에는 순전히, 그 왜, 기름통이 불이 나가지고 튀는 그 연기가 좌악 올라가잖아, 그거와 같은 거. 그게 크다 뿐이지. 그라고 그, 거시기 그 불빛 그 촥 하고 지나가는 거, 그 게 뭐냐면 우리 이제 번갯불, 그거와 같이 픽 지나가. 그게 터질 적에 그 화염 있지? 그래서(그래도) 우리는 거리가 멀어서 그 피해는 받지 않았지."

어린 부원장님이 본 것은 미군이 투하한 원자폭탄의 그 무엇이었다. 당시 폭발로 인해 구름이 18km까지 치솟았고, 폭발 지점을 중심으로 반경 1.6km 이내의 모든 것이 파괴되었으며 약 7만 명이 사망한 끔찍한 사건이었다. 다행히도 부원장님이 계셨던 곳은 피해 지역과 거리가 멀어서 직접적인 화를 피할 수 있었다. 이후 일본의 항복으로 갑작스레 종전이 되었고, 짧았던 공장생활도 끝이 났다. 부원장님은 폐허가 된 일본을 떠나 무사히 조국으로 돌아오셨다. 부원장님은 반세기나 지난 지금도 연기 기둥이 하늘을 가르던 당시 모습을 생생하게 기억하고 계셨다.

2) 진짜 사나이의 병사 생활 그리고 평생의 상처

구술자 신상기록부를 작성하던 중 알게 된 부원장님의 특별한 이력은 1946년부터 1966년까지 무려 20년간 군 생활을 하셨다는 것이다. 건국, 한국전쟁, 분단 등 대한민국의 굵직한 역사가 깃든 시간이었다. 그 역사들과 함께한 부원장님의 군대 이야기는 마치 2014년 현재 인기리에 방영중인 예능프로그램 '진짜 사나이'만큼 흥미롭고 긴장감 넘치는 이야기였다.

조국으로 돌아온 부원장님은 이것저것 자신이 할 수 있는 일들을 찾아보기 시작했다. 일제강점기 직후였던 당시, 먹을 것이 부족하고 생활이 어려웠던 터라 하루 빨리 일거리를 찾고자 했다. 그때 마침 먹을 것과 잠잘 곳을 제공하고, 국가를 위해 일 하는 곳을 알게 되었다. 지원 조건은 18세 이상의 남성이었지만 당시 부원장님의 나이는 16세에 불과했다. 하지만 너무나도 직장을 구하고 싶었던 나머지, 부원장님은 자신의 나이를 속여 결국 그곳에 지원하게 되었다. 바로 이곳이 1946년 창설된 우리나라 군의 처음 형태인 국방경비대였던 것이다.

입대한 지 얼마 지나지 않아 국방경비대가 부원장님의 기대와는 매우 다른 곳이라는 것을 깨달았다. 하루에 고구마 하나로 배를 채워야 했으며, 입을 수 있는 옷이라고는 허름한 군복 한 벌이 전부였다. 비록 힘든 생활이었지만 도망가는 사람 하나 없었다. 국가를 위한 일이라는 그 일념 하나로 고된 생활과 훈련을 버텼다. 그런 상황 속에 어느 날 갑자기 한국전쟁이 터지고 말았다.

한국전쟁이 발발하던 바로 그 해에 부원장님은 의정부 7사단으로 발령을 받으셨다. 하루는 고향친구들이 부원장님을 만나러 오겠다고 했다. 부원장님은 고된 군 생활에 지쳐 그동안 그리워하던 친구들을 만날 생각에 들뜬 마음으로 때를 맞춰 외박을 나왔다. 친구들을 만나 그동안의 회포를 풀고, 이튿날 부대로 복귀하기 위해 기차를 탔다. 몇 정거장을 지나 시흥역에서 일련의 간부 후보생들이 탔고, 어딘지 모르게 어수선한 분위기가 느껴졌다. 그저 야영훈련을 가겠거니 하며 대수롭지 않게 생각하며 기차에서 내리려던 차, 헌병이 군복차림인 부원장님의 팔을 붙잡았다. 아무것도 모르는 부원장님은 어리둥절했다. 헌병은 부원장님에게 뜻밖의 소식을 전했다. 북한이 공격해왔다며 빨리 부대로 복귀하라는 것이었다. 마른 하늘에 날벼락 같은 말이었다. 부원장님은 그 말을 듣고 급히 부대로 갔지만 부대는 텅 비어 있었다. 나중에 알고 보니 모든 군인들이 전쟁터에 나가 아무도 없었던 것이었다. 이것이 부원장님이 기억하는 한국전쟁의 첫 날이다. 잘 먹고, 잘 살고, 의미 있는 일을 하기 위해 들어왔던 군에서 한국전쟁이라는 큰 위기를 맞게 된 것이다. 두렵고, 힘든 기억임에도 불구하고 부원장님은 계속해서 담담하게 자신의 이야기를 들려주셨다.

그렇게 한국전쟁이 시작되었고, 당시 공병이었던 부원장님은 토목공사, 도로작업 등을 위해 최전방에서 위험을 무릅쓰고 임무를 수행했다. 공병이라는 단어를 듣고 문득 '진짜 사나이'의 공병편이 생각이 났다. 육군에서 '공병'이라 하면 무에서 유를 만들고, 기적을 만드는 부대라고 한다. 전방에서 원활한 이동을 돕기 위해 물이 앞을 가로막는다면 다리를 만들어내는 것이 공병의 일이다.

육군 중령 시절의 정두화 부원장

부원장님은 그런 공병이셨다. 부원장님은 군에 애정을 갖고 자신의 임무를 다하여서 공로를 인정받아 전쟁 중에 장교로 임관되셨다. 하지만 그 기쁨도 잠시, 끝날 것 같지 않은 기나긴 전투가 시작되었다. 계속된 후퇴로 한강 다리가 끊어지고, 사람들은 뗏목을 만들어 죽기 살기로 한강을 건너기 일쑤였다. 북한은 경상도 일부를 제외한 전 지역을 점령했다. 그렇게 밀리기만 하던 중 인천상륙작전으로 전세가 역전되었다. 국군과 연합군은 파죽지세로 북한을 공격하기 시작하여 함경북도 북청까지 진격해 나갔다. 승리의 조짐이 보이기 시작했다.

하지만 부원장님은 그곳에서 부상을 얻게 되셨다. 포탄 파편이 부원장님의 다리를 관통한 것이다. 부원장님은 칼로 찌르는 듯한 고통에도 불구하고 부상당한 다리를 절뚝거리며 필사적으로 여기저기서 터지는 포탄들을 피했다. 그러나 부원장님의 위기는 여기서 그치지 않았다. 복부에도 돌멩이로 맞은 듯한 통증을 느꼈다. 목숨만은 건져야 되겠다는 생각 하나로 죽을힘을 다해 안전한 곳으로 피해 상처를 치료했다. 군복을 살펴보니 파편들이 옷 사이에 끼여 있었다. 불행 중 다행으로 추위를 견디기 위해 옷을 두껍게 입었던 덕에 복부는 가벼운 찰과상 정도에 그쳤다. 하지만 다리에는 지금까지도 후유증이 남을 정도로 큰 부상을 입었다. 처음 부원장님을 뵙던 날 걸음이 불편하신 것을 보고 연로하셔서인 줄만 알았다. 하지만 부원장님의 이야기를 듣고 보니 그 불편한 걸음은 전쟁의 상흔이었던 것이다. 얼마나 힘드셨을지, 두려우셨을지 상상이 되지 않았다. 누가 포탄을 맞는 상상이나 해봤을까? 그리고 그 고통을 가늠이나 해봤을까? 부원장님의 걸음은 그 힘든 역사가 깃든 자취였다. 그런 아픈 삶을 겪으시고, 담담히 말씀해주시는 모습에 숙연해졌다. 이렇게 온몸으로 전쟁을 겪어내신 분을 만나게 되어 영광이라는 생각마저 들었다.

부원장님의 군 생활에서 전쟁처럼 힘든 시절만 있었던 것은 아니었다. 군인이라는 신분에도 불구하고 대학을 갈 수 있는 기회가 생긴 것이다. 국민학교를 졸업하고 바로 입대한 부원장님에게는 공부를 다시 할 수 있는 더할 나위 없이 좋은 기회였다. 전쟁이 끝난 후 스물아홉이라는 늦은 나이에 만학도로 춘천대학교[4] 상경계열에 입학하셨다. 낮에는 훈련을 받고 저녁과 주말을 이용해 공부를 하셨다. 마침내 서른이 넘는 나이에 부원장님은 빛나는 대학 졸업장을 받을 수 있었다.

20여 년의 군 생활은 파란만장했다. 부원장님은 대한민국의 아픈 역사를 몸소 겪으며 나라를 지키셨던 분이다. 젊은 시절 나라를 위해 목숨을 바쳤다면 지금은 목숨이 다할 때까지 충렬서원을 지키고 계신다. 자신의 삶을 다해 뿌리를 지키는 분인 듯했다.

3) 가족, 보고 있어도 자꾸만 보고 싶은 얼굴들

면담을 위해 부원장님의 자택을 찾았다. 충렬서원 바로 옆에 있는 붉은 벽돌의 이층집이었는데, 두 번이나 서원을 방문했는데도 그 집이 부원장님 댁인지 눈치 채지 못했다. 현관문을 조심스럽게 두드리니 곧 인기척이 나고 낯선 분이 문을 열어주셨다. 집을 잘못 찾은 줄 알고 당황했지만 이내 어서 오라며 환하게 웃으시는 부원장님의 모습이 안쪽에서 보였고, 문을 열어주신 분이 사모님이라는 길 알았다. 사모님은 먼 곳까지 학생들이 어디서 무슨 일로 왔는지, 밥은 먹었는지 등을 물으시며 관심을 보여주셨다. 우리는 대화를 나누면서 편안한 마음으로 면담 준비를

---

[4] 현재는 강원대학교와 통합.

할 수 있었다. 주말 아침부터 찾아간 것도 죄송했는데 귀찮아하시기는커녕 손녀들이 온 것처럼 좋아하시며 면담 중간 중간 간식까지 챙겨주셨다. 사모님은 나이가 믿기지 않을 만큼 미인이셨는데, 이렇게 아름다운 사모님을 어떻게 만나게 되셨는지 부원장님께 사모님과의 러브스토리를 여쭈어 보았다. 우리가 예상했던 이야기는 부원장님께서 미모의 사모님을 만나 첫 눈에 반해 사랑에 빠져 알콩달콩한 연애시절을 보내고, 결실을 맺는 로맨틱한 사랑이야기였다. 그런데 부원장님의 이야기는 우리의 예상과 크게 빗나갔다.

부원장님과 사모님의 만남은… 아니 만남조차 없이 두 분은 결혼을 약속하게 되었다. 부원장님의 아버지에겐 어릴 적부터 친하게 지내던 친구가 있었다. 그 분은 의젓하고 성실한 부원장님을 마음에 들어 하셨고, 항상 사위로 삼고 싶어 하셨다. 군복무 중이던 어느 날, 둘째 형님이 부대로 찾아왔다. 급한 일이 있어 왔다는 형님의 손에 이끌려 간 집에는 육촌누님에, 아버님의 친구 분까지 온 가족이 모여 있었다. 그리고 부원장님 앞에는 하얀 종이 한 장이 놓여 있었다. 종이에 사주를 쓰라는 어르신들 말씀에 사주를 적었다. 그것이 약혼이었다. 스무 살, 결혼에 대해 생각 해 볼 겨를도 없이 번갯불에 콩 구워 먹듯 약혼을 하게 되었고, 결혼까지 일사천리로 진행되었다.

그러나 군인이었기에 신혼의 단 꿈은 쉽게 허락되지 않았다. 결혼을 한지 얼마 지나지 않아 한국전쟁이 발발해 부원장님은 오랜 시간 사모님과 떨어져 지낼 수밖에 없었다. 양구 21사단에서 복무를 할 때는 관사가 따로 있어 잠시나마 사모님과 함께 살 수 있었지만, 그 때뿐 또 다시 떨어져 지내야 했고, 휴전이 되어서야 비로소 제대로 된 결혼생활을 할 수 있었다.

면담을 하던 중에 부원장님의 핸드폰이 울렸다. 외출하신 사모님께서 수화기 너머로 식사는 했는지, 필요한 것은 없는지 물어보셨다. 많은 역경과 고난을 함께 해온 반려자로서 지금은 서로를 챙겨주고, 아껴주며 살아가고 계신 듯했다. 지금은 자식들을 다 키워 사회로 내보낸 후 잉꼬 같은 모습으로 서로를 위해 배려하며 하루하루를 지내고 계신다.

부원장님 댁 거실은 특별했다. 처음에는 면담장소가 서원이 아니라는 사실에 걱정이 많았다. 서원보다 더 좋은 배경으로 촬영할 수 있을지에 대한 의문이 들었고, 익숙한 장소에서 촬영을 하는 것이 더 낫다고 생각했기 때문이다. 그러나 거실에 들어서는 순간 그런 걱정들이 사라졌다. 면담장소인 거실은 부원장님의 삶을 잘 보여주는 장소였다. 거실 곳곳에 걸려있는 사진액자, 자리를 잡고 뽐내고 있는 게이트볼 우승 트로피들, 온화하게 미소 짓고 있는 포은 정몽주 선생의 초상화까지, 부원장님께서 소중히 여기시는 것들을 한눈에 알 수 있었다. 그 중 우리의 눈길을 사로잡은 가족사진들이었다. 자제분들, 손자들… "가족들 이야기 좀 해 주세요"라는 우리의 부탁에 부원장님은 가장 먼저 부모님에 대해서 이야기 해 주셨다.

부모님은 열심히 농사를 지어 삼남 삼녀의 뒷바라지를 했던 평범한 농사꾼이었다. 하지만 농사만 지으신 것은 아니었다. 틈틈이 한학을 공부하셨고 자식들이 바르게 자랐으면 하는 바람으로 말과 행동을 조심하라고 누누이 말씀하시며 가정교육도 엄하게 하셨다. 막내라고 예외는 아니었다. 이런 부모님의 영향을 받아 부원장님도 한학을 열심히 공부하셨고 자식들에게도 올바른 예절과 도덕을 가르치셨다. 무엇보다도 부원장님이 먼저 자식들의 본보기가 되고자 노력하셨다. 부모님 이야기를 하시는 내내 자식들은 부모의 모습을 그대로 보고 배운다며 부모의 행동이 매우 중요하다고 거듭 강조하셨다.

그런 부원장님의 모습을 보고 자라서인지 자녀들은 부모님을 항상 생각하고 존경하는 훌륭한 아들, 딸들로 자랐다. 지금은 모두 독립해 살고 있어 명절에나 볼 수 있지만 평소에도 자주 전화를 해 안부를 묻는다며 우리들에게도 나중에 커서 부모님께 자주 연락을 드리라는 당부도 잊지 않으셨다. 자식들이 모두 장성해서 사회에서 저마다의 역할을 충실히 하고 가정을 꾸리고 잘 살고 있다는 말씀을 하시며 뿌듯해 하셨다. 이야기를 들으며 부원장님의 한학에 대한 애정이나 가정교육에 대한 태도가 부모님과 많이 닮아 있다는 느낌을 받았다.

아버지에서 할아버지가 된 부원장님의 행복 또한 배가 되었다. 여섯 명의 귀여운 손주들이 그 주인공이다. 처음 뵈었을 때 우리만한 손주가 있다며 명문대에 입학한 손주를 자랑하셨다. 아직 진로를 정하지 못해 걱정이라고 하셨지만 내심 자랑스러워하시는 모습이었다. 장난꾸러기 손주들이 한 대뿐인 컴퓨터를 고장 냈다며 괘씸하다고 하시면서도 '요 녀석들, 이 녀석들' 하시는 말씀에 손주에 대한 사랑이 가득 묻어나왔다. 부원장님은 가풍을 잇는 믿음직한 아들이자 듬직한 남편이며 존경스러운 아버지, 자상한 할아버지시다. 자신에게 주어진 역할 어느 하나 소홀히 하지 않는 그런 분이셨다.

서원의 어제, 오늘 그리고 내일

1) 서원에서 서원을 묻다

6월의 어느 일요일 아침, 평소 같았으면 늦잠을 잤겠지만 이 날 만큼은 아침 일찍 분주하게 집 밖을 나섰다. 정두화 부원장님께 충렬서원에서 '충렬서원 이야기'를 듣기로 한 날이었기 때문이다. 포은 선생의 능이 있어 '능원리'라고 불리는 작은 마을에 우리의 목적지인 충렬서원이 있다. 능원리는 고층 아파트가 많이 들어선 다른 동네들과는 달리 서울 근교에 이런 곳이 또 있을까 싶을 정도로 한적하고 조용했다. 차창 밖으로 보이는 전원적인 풍경이 마치 어렸을 적 할머니, 할아버지가 사셨던 시골 동네 같아서 문득 그분들이 생각나기도 했다. 버스에서 내린 우리는 비좁은 이차선 도로를 따라 걷고 또 걸었다. 셋이서 이런 저런 이야기를 하면서 걷다 보니 어느새 서원 앞이었다. 평소와 다른 점이라면 서원 문이 열려있었다는 것뿐이었는데도, 초여름의 청량한 아침햇살을 듬뿍 받은 서원은 마치 어서 오라며 우리를 반겨주는 것 같았다. 문 안으로 들어서자 강당 앞에 서 계신 부원장님의 모습이 보였다. 약속시간보다 더 일찍 서원 문을 열어놓고 우리를 기다리신 것이다. 부원장님은 우리를 강당으로 안내해 주셨다. 조선시대 선비들이 바로 이 강당에서 학문을 토론하곤 했다고 하는데…, 에헴! 갓과 도포만 없을 뿐이지 오늘은 우리가 선비가 된 기분이었다.

"옛날에는 충렬서원이 죽전서원이었는데, 그때는 과거시험에 합격하려면 용인에 있는 죽전서원에 들러 공부를 하고 가야한다는 소문이 있을 정도였어."

병자년(1576)에 여러 선비가 의논하여 죽전에 서원을 세우고 정암 선생을 배향하였으니, 이 땅이 두 선생의 묘도 중간에 있기 때문이며, 우리 선군과 사인 이지가 실로 이것을 주장한 것이었는데, 불행히도 임진년의 병화를 입어 폐허가 되었으므로 사림이 애석하게 여겼다. …… (후략)

– 이정구, 충렬서원 강당기(忠烈書院 講堂記)[5] 中 –

1576년(선조 9), 용인지역의 선비들은 포은 정몽주 선생과 정암 조광조 선생의 학덕과 충절을 기리기 위해 포은 선생과 정암 선생 묘소의 중간 지점인 죽전에 '죽전서원'을 세웠다. 붉은색 기둥을 반듯반듯 세우고 푸른 창살문에 창호를 덧대어 바른 뒤 그 위에는 곡선의 멋을 한껏 살린 지붕을 얹었다. 그러나 얼마 지나지 않아 임진왜란이 일어났고, 전란에 서원이 불타버렸다.

1608년(선조 41), 사림들의 노력으로 서원이 복원되었는데, 이 과정에서 포은 선생 묘역에 충렬서원을, 정암 선생 묘역에 심곡서원을 지어 죽전서원을 둘로 나누었다.

서원 할아버지 정두화 부원장님의 말씀에 따르면, 옛날에는 충렬서원에 해마다 과거시험을 치는 수험생들이 전국 각지에서 구름처럼 몰려들었다고 한다. 그런데 우리가 본 충렬서원은 그렇게 많은 학생들을 수용하기에는 터무니없이 작았고, 완전한 모습을 갖춘 것 같지도 않았다. 알

5) 「충렬서원 강당기(忠烈書院 講堂記)」는 충렬서원 강당에 현판으로 걸린 기문(記文)으로, 충렬서원에 사액(賜額)이 내리는 것을 기록하기 위해 이정구(李廷龜)[1564~1635]가 지은 기문이다. 이정구의 문집인 『월사집(月沙集)』에도 전한다. 디지털용인문화대전 참고.

고 보니 다른 서원들에 비해 충렬서원은 서원으로서의 규모도 작았고, 유생들이 공부하는 공간인 동재나 서재도 없이 오로지 강당과 사당만으로 이루어진 소규모 서원이었다. 그나마 있는 강당도 과거 유림들이 헌 집을 뜯어다가 개조해서 만든 것이었다. 아무래도 하나였던 서원을 둘로 나누다보니 규모가 작아질 수밖에 없었던 것 같다.

부원장님은 서원의 역사에 대해 속속들이 알고 계시지만 사실 이 곳에서 평생을 보내지는 않으셨다. 1989년, 다섯 아이들을 무탈하게 키워 시집장가 보낸 후 남은 생을 조상 할아버지인 포은 선생의 묘역을 지키고자 능원리에 오셨다. 충렬서원까지 3분, 포은 선생이 잠들어 계신 묘역까지는 15분 거리에 사시면서 충렬서원의 부원장으로 활동하고 계신다. 강산이 두 번이나 바뀌고도 남을 20여 년이라는 긴 시간동안 충렬서원 옆에 사시면서 가장 기억에 남는 일이 무엇이었는지 여쭈어 보았다. 부원장님은 깊은 한숨을 내쉬며 말씀해 주셨다.

> "지금 내가 죄의식을 아직까지 가지고 있는 게, 내가 (부원장으로) 있기 전부터의 일인데… (서원에 있던) 우리 할아버지의 영정을 도둑을 맞았어."

지금부터 십여 년 전의 일이다. 당시만 해도 포은 선생의 초상화 원본을 서원 영당에 봉안하고 있었다. 춘계 향사를 며칠 앞둔 어느 날, 전날까지만 해도 멀쩡히 있던 초상화가 감쪽같이 사라졌다. 할아버지의 귀한 초상화를 잃어버렸다는 생각에 눈앞이 캄캄했고, 더욱이 며칠 뒤 있을 향사를 생각하니 하늘이 무너지는 것만 같았다. 정신을 가다듬고 천천히 기억을 되새겨보니, 몇 해 전 어떤 친척이 카메라로 초상화를 찍어갔던 것이 생각났다. 부원장님은 그 길로 사진을 찍은 친척을 찾아가, 필름을 구해왔다. 일단 급한 불은 껐지만, 사진을 놓고 향사를 드리는 내내 부원장님의 마음은 무겁기만 했다. 할아버지 초상화 하나 제대로 간수하지 못했다는 죄책감은 생각보다 오랫동안 부원장님을 따라다녔다. 그러던 어느 날, 종친회 모임에 나가신 부원장님은 강원도의 작은 폐교에서 미술활동을 하고 있는 일가 사람을 만나게 되셨다. 부원장님은 그 분께 포은선생의 초상화를 부탁했고, 얼마 뒤 네 점의 초상화가 새롭게 탄생했다. 이로써 부원장님은 포은 할아버지에 대한 죄의식을 조금이나마 씻을 수 있었다. 부원장님은 한시를 쓰시던 포은 할아버지를 생각하며, 언젠가 충렬서원과 연계한 충효교육 회관 건립을 구상중이시다. 그리고 이전에 그려 놓은 할아버지 영정을 건물 가운데에 설치하여 많은 사람들이 볼 수 있도록 하고 싶다며 미소를 지으신다. 할아버지 이야기를 하시는 부원장님의 밝은 표정에서 포은선생에 대한 애정과 존경심을 느낄 수 있었다.

2) 낮은 돌담 너머로 충심을 전하다

이야기를 마친 뒤, 부원장님은 우리를 데리고 서원을 구석구석 구경시켜주셨다. 아담한 서원을 다 돌아보는 데에는 그렇게 많은 시간이 들지 않았다. 맨 꼭대기에 위치한 사당에 오르니 과거의 모습을 잘 간직한 포은 선생의 땅, 능원리 전경이 우리 앞에 파노라마처럼 펼쳐졌다. 능원리에는 많은 충신들이 잠들어있다. 앞에서 소개한 포은 정몽주 선생을 비롯하여 설곡 정보 선생, 죽창 이시직 선생, 추담 오달제 선생이 바로 그 분들이다. 충렬서원에서도 이 네 분을 배향하고 있다고 하는데, 어떤 분들이신지 간단히 조사해 보았다.

포은 선생 묘역에 잠들어있는 설곡 정보 선생은 포은 선생의 손자이다. 이른 나이에 과거에 급제한 선생은 학문에 뛰어나 세종대왕의 총애를 받았고 당대의 뛰어난 학자인 성삼문, 박팽년 등과 깊은 교류를 하기도 했다. 선생이 사헌부 감찰을 지내던 1455년(단종 3) 6월(2013년에 개봉한 영화 〈관상〉의 시대적 배경)에 어린 단종의 왕위를 호시탐탐 노리던 수양대군은 결국 어린 조카를 몰아내고 왕위를 빼앗았다. 사육신 학자들은 단종 복위를 명분으로 세조를 제거하자는 모의를 도모했다. 그러나 거사가 있기도 전에 이러한 사실이 세조에게 알려졌고 사육신 학자들은 처형 위기에 이르렀다. 정보 선생은 사육신들의 무죄를 주장하였고, 이에 세조는 정보 선생에게까지 사형을 내리려 했으나 충신의 손자라는 이유로 유배에 그쳤다. 그러나 또 다시 모함을 받아 목숨을 잃게 되어 선생의 시신은 포은 선생 묘역에 후손들과 함께 안장되었다.

죽창 이시직 선생은 조선 중기의 문신으로 사마시에 합격한 뒤 병조좌랑, 사헌부장령 등의 관직을 두루 역임하였다. 1636년, 청나라의 침입으로 병자호란이 일어났고 선생은 강화도로 피신하였다. 얼마 지나지 않아 조선이 함락되었고 나라를 잃은 슬픔에 선생은 활 끈으로 목을 매어 목숨을 끊었다. 남편의 비보를 들은 죽창 선생의 부인인 용인이씨도 밤낮으로 통곡하다 결국 선생을 따라갔다. 후에 후손들은 선생의 충절을 기려 이조판서로 추증하고, 고향에 정문을 세워 충의를 표창했다. 강화도 사람들도 충렬사를 세워 죽창 선생을 비롯한 순절한 분들을 위한 제사를 올렸다고 한다.

마지막으로 추담 오달제 선생은 병자호란 당시 청나라와의 화의를 반대하고 결사 항전을 주장하다 중국 선양으로 끌려가 참형당한 삼학사

중 한 분이다. 1997년 선생의 요대[6]를 능원리 근처에 묻으면서 서원에서 같이 모시게 되었다. 이렇게 능원리에는 고려의 충신 포은 정몽주 선생을 중심으로, 나라를 위해 직언도 서슴지 않았던 설곡 정보 선생, 조선의 충신 이시직 선생과 오달제 선생까지 뼛속 깊이 애국정신을 지닌 충신들의 영과 뜻이 서려 있다.

충렬서원에서는 이러한 충신들의 정신을 기리기 위해 봄, 가을에는 향사를 지내고, 매 달 분향을 한다. 서원의 주요 역할인 교육활동은 마땅한 장소가 없어 서원에서는 진행하지 못하고 있다. 영일 정씨 문중에서도 제대로 된 서원을 갖춰 다양한 교육활동을 하고 싶어 했지만 재정이 부족해 할 수 없는 실정이라며 부원장님께서도 안타까워하셨다. 그렇다고 서원의 주된 기능인 교육을 하지 않을 수는 없었다. 충렬서원의 장의들이 직접 모현에 있는 학교로 나가서 일 년에 한 학교씩 초등학생과 중학생을 대상으로 충효교육과 예절교육을 하고 있다. 부원장님은 이 밖에도 다양한 교육과정이 필요하다며 향사를 배우고 싶어 하는 사람들을 위한 향사교육과 서예, 한시교육 등 교육 프로그램을 진행하고 싶어 하셨다. 교육을 진행하기에 다소 어려운 상황임에도 불구하고 충과 예의 정신을 계승하기 위해 많은 노력을 하고 계셨다. 선조들의 충과 예의 정신이 충렬서원의 돌담을 넘어 마을에 퍼지고 있었다.

3) 조그마한 서원, 오늘도 꿈꾼다

조그마한 서원이 하나 있다. 사당과 강당, 딱 두 채로 이루어진 작은 서원이다. 푸른 잔디와 고즈넉한 산으로 둘러싸인 이 서원은 소박하고,

---

6) 허리띠.

아름답다. 하지만 서원에 관심을 갖고 찾아주는 이는 많지 않다. 그나마 꾸준히 서원을 찾아주는 몇 안 되는 사람들만이 서원의 모습을 지키고 있다. 서원은 오늘도 꿈꾼다. 많은 사람들이 서원에서 서원을 물어봐주길.

1년 남짓한 시간동안 수차례의 방문을 통해 알게 된 것이 있다. 계절마다 다른 옷을 갈아입는 서원의 모습이 정말 아름답다는 것이다. 우직한 산은 작고 아담한 서원을 둘러싸고 있었고, 문을 열고 들어가 보면 마당 가득 푸른 잔디가 펼쳐져 있었다. 옆으로는 정갈하게 늘어선 낮은 돌담이 소박한 서원과 조화를 이루고 있었다. 가을에는 노란 은행이 한가득 열린 은행나무들이 곳곳에서 가을의 멋을 더해주는 듯 했고, 사시사철 꼿꼿이 서있는 소나무는 충렬서원에 깃든 충과 예의 정신을 보여주는 듯 했다. 저 멀리 들리는 뻐꾸기 소리마저 멋진 음악이 되었다. 충렬서원은 아무나 어떤 사진기로 찍어도 마치 프로작가가 찍은 것 같은 멋진 작품을 만들어 낼 수 있는 곳이다.

어느 특별한 봄날, 이렇게 이 아름다운 곳에서 우리들은 어디에서도 느낄 수 없는 멋진 경험을 했다. 춘계향사가 있는 날이었다. 한적하던 서원이 흰 도포와 양복 차림의 어른들, 사진 찍으러 온 사람, 음식을 준비하는 사람들로 마당 전체가 붐볐다. 쭈뼛거리며 문 앞에서 서성이는 우리들을 보고 어르신 한 분께서 사당으로 올라와 향사를 참관하라고 하셨다. 처음에는 많이 당황스럽고, 어리둥절했지만 수차례의 방문에도 들어서지 못했던 내삼문을 처음 들어설 수 있다는 생각에 한편으로는 설렜다. 뿐만 아니라 사당 바로 앞에 자리를 잡아 주셨다. 나름 일 년에 몇 차례씩 집에서 제사도 지내고, 명절마다 차례를 지내봤던지라 비슷할 것이라고 생각했지만 난생 처음 듣는 알아들을 수 없는 말들이 오고가고, 낯선 제사 음식들이 보였다. 어떤 말들을 하는 것인지, 어떻게 알아듣고 다 같이 움직이는지, 이 생고기들이 왜 제사음식으로 올라와있는지 너무나도 낯설고 신기했다.

충렬서원에서의 특별한 경험은 향사에만 그치지 않았다. 처음 보는 우리들에게 밥이라도 먹고 가라며 자리도 내주시고, 좋은 술까지 내주셨다. 자리도 많지 않고, 바빠 보이셔서 정중히 사양하려 했지만 꼭 먹고 가야한다고 하시며 자리를 내주셨다. 감사한 마음으로 밥 한 톨도 남기지 않고 다 먹고 나와 인사를 드리고 돌아가려는데 직접 담근 술이 있으니 한 잔하고 가라고 하셨다. 다시는 못 먹을 술이라는 말씀에 쑥스럽지만 잔을 들어 주시는 술을 받았다. 마당에서 따뜻한 볕을 받으며 지나가던 아주머니, 아저씨, 할아버님이 하나 둘 모여 이야기꽃을 피웠다. 우리들에 대한 관심을 시작으로 향사와 서원에 대해 서원 문외한이던 우리들에게 차근차근 설명해 주셨다. 서원의 큰 행사 중 하나인 춘계향사에 직접 참여했던 것도 너무나 큰 경험이었지만 무엇보다 우리를 반갑게 맞아주시는 어르신들의 정을 느낄 수 있어 정말 잊지 못할 정겨운 경험이었다.

서원을 재미없고, 지루한 곳이라고 생각했던 우리의 생각이 향사를 참여하면서 180°로 바뀌었다. 공부만하고 제사만 지내는 곳이 아니라, 따뜻한 사람들을 만날 수 있고 아름다운 자연을 느낄 수 있는 곳이자 전통을 느낄 수 있는 곳이다. 향사는 모두가 참여할 수 있는 열린 축제이다. 우리의 살아있는 전통이 궁금하다면 서원으로 가자. 충렬서원의 문을 두드리자!

4_ 늦게 핀 국화, 심곡서원 이종기 원장님

전태현 · 장동현 · 신재희

짙은 더위 아래 심곡서원, 한걸음 다가가다

심곡서원 이종기 원장

어느새 2학기가 지나가고 있다. 추위에 몸을 움츠리는 지금, 지난봄과 무더운 여름이 더더욱 생각난다. 올해 많은 일이 있었지만 유독 구술사 수업만큼은 내 머릿속에 남아있다. 왜일까? 그것은 우리가 이 수업에서 신선한 충격을 받았기 때문이다. 첫 시간부터 강의실이 아닌 카페에서 시작되었고, 이 수업은 일반적으로 지식을 전달받는 것이 아닌 스스로 생각해서 발표하는 자율적인 방법으로 진행되었다. 처음에는 힘들었지만, 매주 횟수를 거듭할수록 구술사에 대한 흥미가 점점 샘솟았고 무언가 남는 것 같아 뿌듯했다.

이번 구술사 수업은 용인지역의 서원과 향교에 관한 연구로 다소 생소한 내용이었다. 향교와 서원? 평소에 들어본 적도, 관심도 갖지 않던 주제였다. 전통문화와는 거리가 먼 우리에겐 고리타분해 보였다. 그나마 우리가 맡은 서원은 다른 서원들과 달리 도심 속에 있다고 하여 다행이라 생각하고 조사를 시작했지만 처음부터 난관에 부딪혔다. 인터넷 사이트에 기재되어 있는 심곡서원의 전화번호는 결번이었고, 주소를 가지고 간신히 찾아갔으나 원장님이 계시지 않아 헛걸음을 하였다. 우리는 과연 구술면담을 성공적으로 진행할 수 있을 지 두려움이 생겼다. 그러나 여기서 그만 둘 순 없었다. 용인시, 수지구, 문화재청에서 심곡서원과 관련된 정보를 샅샅이 수집했다.

그로부터 며칠 후, 우리는 마침내 심곡서원의 관계자와 연락이 닿았다. 시작이 반이라는 말이 있듯이, 연락이 되고 부터는 일이 일사천리로 술술 풀렸다. 심곡서원의 관계자는 우리의 목적에 대해 긍정적인 반응을 보였고, 심곡서원에 대해 구술을 해도 좋다는 허락을 받았다. 그리고 마침내 2013년 5월 13일, 유난히 더위가 빨리 찾아왔던 그때, 우리는 짙은 더위 아래 심곡서원으로 한걸음 다가갔다.

그윽한 국화 향기의 심곡서원 원장님

심곡서원이라는 이름을 처음 들었을 때, 서원이 이름처럼 산골짜기에 자리 잡고 있을 줄 알았다. 그러나 심곡서원은 우리의 예상과는 다르게 도심 속에 위치하고 있었다. 심곡서원의 앞에는 도로와 밭, 뒤에는 아파

심곡서원 정문

트가 줄지어 있었다. 그러나 그 내부는 꽃과 잔디, 거대한 은행나무가 어우러져 마치 조선시대로 들어온 느낌이 들었다. 현대건축의 정수인 아파트 도심 내부에 있는 자연을 간직한 전통문화의 공간. 얼핏 전혀 어울릴 것 같지 않은 심곡서원의 경관은 우리의 처음 생각과는 다르게 마치 우리의 현주소를 알려주는 듯 의미 있어 보였다. 우리는 이러한 아름다운 풍경을 보며 심곡서원 내의 정문인 외삼문을 통해 들어갔고, 멀리서 환하게 미소를 지으며 반갑게 맞아 주시는 이종기 원장님을 만났다.

이종기 원장님을 직접 뵙기 전에는 서원의 원장님은 고지식한 할아버지의 모습일거라 생각했다. 하지만 눈앞에서 미소 짓는 원장님을 뵈니 우리가 생각 했던 것과 달리 푸근한 이웃 할아버지 같은 느낌이 들었다. 구술면담을 진행하기 전 촬영을 하는 것을 아시고, “그럼 복장을 갖추어

구술 중인 이종기 원장

입는 게 좋겠지?" 하시면서 한복과 망건[1]을 갖추어 입으셨다. 옷까지 갖추어 입으시는 원장님의 모습에서 우리는 심곡서원에 대한 원장님의 구술면담을 제대로 잘 해야겠다는 생각이 들었다. 올해 81세의 원장님은 건강하시고, 매우 열정적이셨다.

신학문 바람이 불다

신학문은 한일합방 이후에 보급되기 시작했고, 그 이전에는 서당에서 고학문[2]을 배우는 것이 일반적이었다. 그러나 점점 총독부에서는 황국신민교육[3]을 위해 국민학교를 설립하여 학생들에게 신학문을 강제로 가르쳤다. 그렇지만 부모들은 학생들의 신학문 교육을 반대하였는데 그 이유는 유교국가인 우리나라에선 산수나 실리를 따지는 것을 좋게 생각하지 않았기 때문이었다. 사농공상[4]으로 알려진 조선시대의 사회계급은

---

1) 서생들이 착용하던 두건의 종류.

2) 古學文: 명심보감, 맹자, 천자문 등의 옛 학문.

3) 황국신민서사(皇國臣民誓詞)[일본 제국이 1937년에 만들어내 조선인들에게 외우게 한 맹세]와 같은 조선인의 일본제국 충성심 향상을 위한 교육.

4) 士農工商: 조선시대의 사회계급. 선비, 농민, 공장, 상인으로 귀천을 나누던 사회계급.

선비를 우선시하였기 때문에 아이들에게 공업과 상업 중심의 신학문을 가르치는 학교보다는 근방의 유명한 서원인 심곡서원에서 학문을 배우는 것을 권장했다. 그러나 총독부의 강압으로 서원에서 학문을 익히던 학생들도 학교로 편입되었고, 이종기원장님도 1940년에 수지국민학교에 입학하게 되었다.

원장님의 학창시절은 우리가 생각했던 것과는 많이 달랐다. 국민학교 2학년 때까지 일본인 교사가 수업시간에 칼을 차고 학생들을 가르쳤다. 또한 그 당시 학교에서는 한글을 가르치지 못하게 했으며 일본어를 사용할 것을 강요했다. 실수로 한글을 사용하면, 일본인 선생에게 벌을 받았다. 특히 2학년 때의 요시다 선생은 한글을 쓰는 학생에게 심한 체벌을 했고, 원장님도 예외는 아니었다. 아이들은 두려움을 느끼며 학교에 다녀야했다. 우리말을 쓰지 못하게 하는 것에 대해 부당함을 느끼지 않았냐는 우리들의 질문에 그 당시 공포분위기가 가득해서 그럴 겨를도 없었다고 하셨다. 원장님의 말씀을 들으면서 우리들은 당시의 국민학교 분위기가 얼마나 무서웠는지 느낄 수 있었다.

원장님이 3학년 때, 일본은 전쟁에 물자를 공급하려는 목적으로 남학생들은 채광, 여학생들은 채집에 동원했다. 그 말을 들었을 때, 우리는 너무나 놀라서 믿을 수 없었다. 그러나 원장님은 그 당시 학생들이 손에 굳은살이 박일 만큼 노동하는 것은 당연한 일이었다고 하시며 비행기의 연료로 쓰기 위해 나무껍질을 벗겨 송진을 채취했다는 이야기를 해주셨다. 1945년 8월 15일 광복이 돼서야 이런 심한 노동에서 해방될 수 있었다.

평화롭던 마을을 짓밟은 군화

힘든 시기를 이겨내고 원장님은 1946년 수지국민학교를 졸업하였다. 이듬해에는 제대로 된 공부를 할 수 있다는 기대감과 미래에 대한 희망으로 중학교에 진학하였다. 하지만 그런 행복도 잠시, 평화로운 마을에 무거운 군화소리가 다가오고 있었다. 한국전쟁이 발발한 것이었다.

전쟁이 시작된 지 3일 만에 서울이 함락되고 북한군들은 파죽지세로 남하하였다. 원장님이 사시던 신갈이란 동네는 서울과 지방을 연결하는 교통의 요충지였다. 인근 야산에서 국군과 북한군의 치열한 전투가 벌어졌고 북한군이 승리했다. 이튿날, 북한군들은 마을로 내려와 사람들에게 밥을 달라며 행패를 부리기 시작했다. 눈앞에 겨누어진 총부리와 매서운 눈초리에 겁에 질린 사람들은 순순히 밥을 해줄 수밖에 없었다. 수적으로 열세에 몰린 무모한 전투였지만 인근의 국군들은 마을 주민들을 구하기 위해 기습 총격전을 강행했다. 하지만 이미 유리한 고지를 차지한 북한군에게 밀려 상대가 되지 않았고, 국군은 어쩔 수 없이 후퇴할 수밖에 없었다. 국군은 후퇴하는 과정에서 마을 사람들에게 피난길을 내주기 위해 인근의 숲에서 지연전을 펼쳤고 원장님과 일부 마을 사람들은 그 틈을 타서 피난길에 올랐다. 그리고 몇몇 군인들은 민간인으로 위장하기 위해 한복으로 갈아입었다고 한다. 그러나 잔류한 마을 사람들도 여럿 있었다. 조상이 물려주신, 혹은 얼이 묻어있는 고향을 차마 버리고 갈 수 없다며 남은 사람들이었다.

남아있는 사람들은 어떻게 되었느냐는 질문에 원장님은 쓸쓸한 표정을 지으셨다. 귀향하셨을 때 남은 마을 사람들 중 오직 두 명만 살아있었다. 북한군은 마을 사람들을 광장으로 불러 모았다고 한다. 그리고 국군의 첩자가 이 안에 있었기에 국군의 공격을 받았다며 마을 사람들을 모두 총살하였다고 한다. 살아남은 사람 중 한 분은 마을 어르신이었고, 다른 한 분은 원장님의 친구 분이었다. 그 분들 이야기가 더 궁금했지만 원장님의 표정을 보니 더 여쭈어 볼 수가 없었다.

당시 마을 사람들은 모두 친한 가족 같은 사람들이다. 어려운 일이 있을 땐 서로 돕고, 힘든 고통을 함께 나눴던 사람들을 잃었다는 아픔은 젊은 나이의 원장님이 감당하기에는 너무나 힘들었던 것 같다. 원장님은 그 이야기를 하실 때 많이 안타까워 하셨고 그런 원장님의 모습에서 우리도 그 당시 아픔이 느껴져 먹먹해졌다.

추위와 배고픔의 겨울에서 피어난 따뜻한 정

국군을 따라 정든 마을을 떠난 원장님과 가족들은 피난길에 올랐다. 피난길은 고생의 여정이었다. 씻을 곳도 없는 것은 물론이거니와 당장 먹을 식량도 없었다. 하루하루가 고통의 연속이었고, 뒤에선 총소리와 대포소리가 들려왔다. 언제 북한군이 따라올지도 모른다는 불안감으로 인해 고통은 더욱더 커져만 갔다. 원장님과 가족들은 불안과 괴로움을 안고 몇 날을 계속 걸어 마침내 청주에 도착했다. 청주로 피난 온 후에도 고생은 계속되었다. 몸은 안전하게 도착했지만 급하게 출발한 피난길에 당장 잘 곳도, 먹을 식량도 없었다. 하루하루가 막막했다. 청주사람들에게 사정해서 겨우 남의 헛간에서 살 수 있었다.

차디찬 겨울이 찾아왔다. 눈이 내렸고, 살을 에는 바람이 불었다. 원장님과 가족들은 동복을 챙겨오지 못해서 얇은 단벌옷으로 추위를 버텨내야만 했다. 설상가상으로 먹을 것이 없었다. 모두 식량이 부족한 상황에서 식량까지 청할 수는 없었다. 원장님은 나무를 베어다 주인집에 드리고자 산에 갔다가 사람들이 나무껍질과 풀을 씹는 것을 보게 되었다. 이를 보고 원장님도 나무껍질과 풀을 뜯어다 가족들을 부양하였다.

날씨는 점점 추워졌고, 전쟁 상황은 개선될 기미를 보이지 않았다. 하지만 이런 생활도 가족이 언제나 함께였기에 이겨낼 수 있었다. 원장님은 이때를 기억하며 정말 뼈에 사무치도록 힘들었지만 서로서로 돕는 정으로 버텨내었다고 한다.

전쟁의 쓴(苦) 내음 뒤에 찾아온 낙(樂)

청주에서 피난생활을 하던 어느 날. 전쟁이 끝났다는 소식이 들려왔다. 그 소식을 들은 원장님은 신세를 진 청주 사람들에게 작별 인사를 한 후 그리운 고향으로 돌아왔다. 고향으로 돌아온 원장님은 남아있던 마을 사람들의 소식을 듣게 되었다. 소중한 사람들을 다시는 못 본다는 사실에 원장님은 깊은 슬픔에 빠졌다. 하지만 슬픔에만 젖어있을 수 없었다. 전쟁으로 살던 고향의 땅이 모두 황폐화 되어 있었고, 식량도 턱없이 부족했기에 원장님은 가족과 생계를 위해서 농사에 전념해야만 했다. 그러나 그 와중에도 원장님은 학문에 대한 열정을 버리지 않으셨다. 그래서 낮에는 농사일을, 밤에는 공부를 하시며 명심보감 계선편[5], 소학[6], 대학[7], 그리고 맹자까지 독학하셨다. 비록 몸은 낮의 노동으로 몹시 고

---

[5] 명심보감의 제1편. 계선편(繼善篇).

[6] 8세 안팎의 아동들에게 유학을 가르치기 위하여 만든 수신서(修身書).

[7] 유교 경전인 사서(四書)의 하나.

되고 힘들었지만 다시 학문을 하고 있다는 생각에 원장님은 행복했다고 한다. 이런 와중에 원장님은 입대를 하게 되었고, 원장님의 학문에 대한 열정은 군대에서도 계속되었다. 1958년 제대를 하기까지 원장님은 바쁜 군 생활에도 틈틈이 공부를 하셨다. 제대 후, 지인의 소개로 부인을 만나 결혼을 하신 원장님은, 가난하지만 성실하게 일하셨고 학문도 게을리 하지 않았다. 현재 2남 1녀의 자식을 두었으며 여러 손자를 두고 계신다. 시의원인 아들과 교수인 딸, 명문 대학원을 졸업한 손자의 이야기를 하시던 원장님의 눈은 기쁨이 넘쳐났으며 목소리는 매우 활기차 있었다. 전쟁의 고통과 생계의 압박 속에서도 배움을 게을리 하지 않았던 원장님. 그런 원장님의 학문에 대한 열정과 삶의 자세는 자녀들에게도 귀감이 되어 행복한 결실을 맺게 된 것 같다.

깊은 골짜기 속 서원, 심곡서원

심곡서원이 설립된 거는 처음에 충렬서원[8]과 함께 죽전동이에요. 죽전동에서 정암[9] 선생님하고 정몽주 선생님하고 같이 두 분의 사당을 짓고 모셨었어요.[10] 효종이 당신 친필로다가 해서 심곡서원이 깊을 심자에 골 곡, 심곡이래는 두 글자 이름을 올렸어요. 심곡서원을 세우겠다니까 효종이 알겠노라고 사액서원이 된 것이에요. 그때가 천육백오(1605)년에 심곡서 설립하게 된 거에요.

---

8) 포은 정몽주 선생을 모신 서원. 용인 모현에 존재(출처: 네이버 어학사전).

9) 조광소 선생의 호.

10) 조광조 선생님의 위패는 원래 충렬서원에 있었으나 심곡서원 설립 후 선생님의 무덤이 있는 심곡서원으로 옮겨졌다.

심곡서원은 정암 조광조 선생을 모신 서원이다. 조광조 선생은 조선 중종 대에 올바른 이상사회를 실천하려 노력하던 선비들의 집단, 사림(士林)을 대표하는 인물이다. 조광조 선생을 논하려면 주초위왕(走肖爲王)을 빼놓을 수 없다. 꿀을 묻힌 붓으로 잎에 글을 써서 走肖爲王(조씨가 왕이 된다)이란 글씨가 드러난 일인데, 당시의 권력층이던 훈구파가 선생을 견제하기 위해 꾸민 일이다. 반역자란 누명을 쓴 선생은 유배지에서 38세의 나이에 안타까운 죽음을 맞았다. 이후 선조 대에 이르러서야 누명이 벗겨져 복위되었다. 1605년에 유생들이 선생을 모시는 서원을 창건하였고 효종(1650년)에게서 심곡(深谷)이라는 사액을 받았다. 심곡서원의 설립 이후 유생들은 선생의 뜻을 받들어 유교를 더욱 발전시켰고 서원은 날로 번창하였다.

그러나 흥선대원군의 서원철폐, 일제강점기, 한국전쟁을 겪으며 서원은 점점 쇠약해졌다. 일제의 강탈과 전쟁의 불길로 중요한 문화재를 손실하였고 건물들은 파손되었다. 그런데 신기하게도, 서원의 보호수(保護樹)들은 불에 타지 않았다. 조상님이 보살핀 건 아니었을까? 위기와 시련을 겪은 후 심곡서원은 사람들의 정성 아래 하나하나 복구가 되어갔다.

심곡서원에서 중요한 곳은 중앙의 일소당[11], 선현의 위패를 모신 사당, 중요문화재가 보관된 장서각이다. 우선 일소당은 경내에 들어가면 바로 보이는 전통가옥으로 선비들이 학문을 토론하기도 하고 주요행사를 열었던 공간이다. 심곡서원이라 새겨있는 비석을 앞에 둔, 위풍당당한 풍채를 자랑하는 이곳은 서원의 얼굴이라 해도 과언이 아니다. 두 번째로 사당에선 조광조 선생과 양팽조 선생 등 선현의 초상화와 위패를

11) 일소당은 강당으로 원내의 여러 행사와 유림의 회합과 강론에 사용된다.

경내배치도

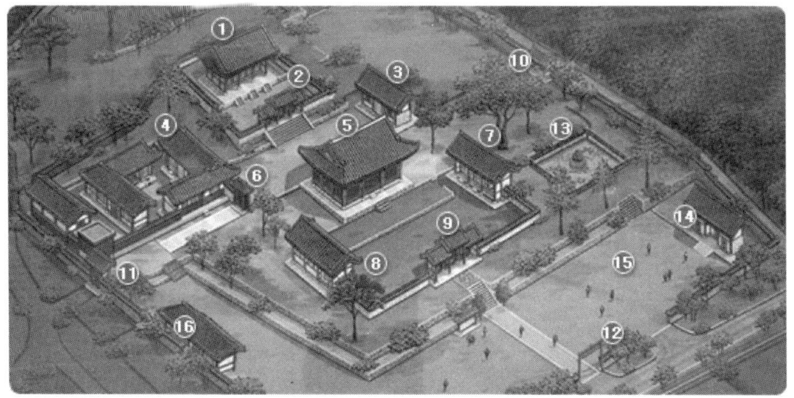

1. 사당 2. 내삼문 3. 장서각 4. 치사체 5. 일소당 6. 협문 7. 동재 8. 서재 9. 외삼문 10. 사주문
11. 사주문 12. 홍살문 13. 연못 14. 화장실 15. 주차장 16. 교육관

경내배치도(출처: 심곡서원 홈페이지(simgok.or.kr))

관리한다. 사당은 제례행사처럼 특별한 경우를 제외하고 개방하지 않는다. 그런데 특별히 우리에겐 서원에 대해 공부를 하는 학생들이라며 문을 열어주시곤 행실을 조심하고 선현에 대한 예의를 갖추라고 하셨다. 세 번째로는 장서각이다. 겉모습은 조그마한 건물이지만 중요한 문화재가 보관되어 있는 곳이다. 예전엔 이곳에 고서 등 많은 문화재가 있었는데, 도둑이 들어 많이 유실되었다. 그 후 서원에서는 문화재의 보안책에 각별히 신경을 쓰고 있다.

도심 속의 심곡서원은 다른 지역에 있는 서원과 비교하면 아담하게 보이는 서원이다. 원장님께서는 전쟁 후 서원을 복구하는 과정에서 정부가 많은 부지를 회수하여 지금처럼 축소된 형태로 복구되었다며 아쉬워하지만, 심곡서원은 사람들이 많이 찾을 수 있는 열린 서원으로 서원의 본래의 모습과 역할을 수행하는 우리나라의 대표적인 서원이 틀림없다.

도심 속 심곡서원, 문을 활짝 열다

심곡서원은 깊은 골짜기 속의 서원이라는 뜻인데, 현재에는 서원 주변을 제외하면 시멘트로 지어진 아파트 숲속에 있다. 원래 서원이 지어질 무렵 과거 이 지역(수지구 상현동)은 골짜기 속 시골마을이었다. 산이 서원을 감싸고, 서원 앞에는 푸르른 농지가 펼쳐져 있었다. 그런 마을에 도시화의 바람이 불자 농지는 차도로 변하고, 서원을 감싸던 산에는 아파트 단지가 들어섰다. 평화롭던 농촌마을은 서서히 도시가 되어갔고 그렇게 현재의 서원이 아파트 숲 속에 둘러싸이게 된 것이다.

이종기원장님은 어릴 때부터 고학문을 좋아했다. 고학문을 배우면서 역사에 대한 흥미도 깊어졌다. 특히 원장님은 정암 조광조 선생님에 대해 관심이 많았기 때문에, 그 분을 모시는 심곡서원에 대한 관심도 남달랐다. 그래서 어린 시절부터 농사를 짓던 와중에도 서원의 일들을 틈틈이 도왔다. 1970년, 이종기원장님이 서른다섯 되던 해, 선배인 윤영기 전 원장님의 청으로 본격적으로 심곡서원에서 일을 하게 되었다. 서원에 대해 관심을 가지고 있던 원장님은 지금까지 학문에 전념하지 못했던 아쉬움을 상쇄하기 위해 열정적으로 활동을 하였고, 그 결과 장의,[12] 부원장의 직위를 거쳐 심곡서원의 원장이 되었다. 원장이 되고 나서 가장 먼저 한 일은 심곡서원의 개방이다. 심곡서원은 문화재가 훼손될 것을

12) 조선 시대에, 성균관·향교에 머물러 공부하던 유생의 임원 가운데 으뜸 자리.

우려하여 민간인에게 개방하지 않았다. 하지만 원장님은 주변 사람들에게 서원을 개방하여, 유학을 교육하고 전통을 가르치는 것이 유학의 정신을 제대로 계승하는 것이라고 생각하셨다. 사람들과 함께하는 심곡서원은 현재 인근 주민들의 편의와 휴식, 교육을 위한 시설이 되었다. 실제로 구술 면담을 진행하면서 인근 시민들이 산책을 나온 모습, 여행 온 가족들이 사진을 찍는 모습, 어린 학생들이 문화해설사 안내원에게 안내를 받는 모습들을 볼 수 있었다. 삭막한 도시에 지친 사람들이 자연을 간직한 서원에 와서 평안도 얻고, 우리의 정신을 배우는 것을 보니 서원이 더 가깝게 느껴졌다.

오랜 세월동안 서원을 지켜온 은행나무처럼

예로부터 서원, 향교에서는 은행나무를 신성시했다.[13] 심곡서원의 주위에는 은행나무가 참 많다. 마치 은행나무가 서원을 보호하고 있는 것처럼 느껴졌다. 은행나무처럼 심곡서원의 원장님도 서원을 잘 지켜주는 수호신 같았다. 원장님은 심곡서원을 역사와 전통 속에만 가두어두지 않으시고, 현대사회와 소통하게 하심으로 서원의 역할과 기능을 제대로 수행하게 만드셨다. 서원의 원장님이라면 서양문물을 배척하고 전통문화만을 중요하게 생각하실 것이라는 우리의 선입견과는 너무 달랐다. 원장님은 외부 문물을 받아들이되 전통과 잘 소화시키는 것이 중요하다고 강조하셨다.

---

13) 예전에 공자가 가르치던 탁상이 은행나무로 만들어졌기 때문에, 서원 및 향교에서는 은행나무를 신성시 한다.

심곡서원 은행나무

"내가 그래서 외국 문화를 받아드릴 적에, 외국 문화를 다 받아드리면 안되고, 우리나라 문화에다가 접목을 잘 시켜야 된다는 거야. (중략) 덮어놓고 좋다고 외국 문화만 받아들이면 안돼요. 우리나라가 변화가 많이 왔잖아요. 외부문명을 받아들여서 개혁을 해나가고. 이렇게 하는 건 다 좋은데 단, 우리 것은 버리지 말라. 외부문화를 접목을 잘 시켜야 된다 이거여. 내가 중요하게 생각하는 제일주의가 그거예요."

이 말씀을 들으니 서구 중심적 가치관이 지나치게 우리사회의 내면에 자리 잡아가고 있다는 생각이 들었다. 음식, 의복 등 사회 전반에서 서양 문화가 우리의 것에 비해 우월하다는 인식이 우리사회에 깊게 파고 들어왔다. 심지어 언어조차도 외국어를 쓰면 좀 더 세련되게 보인다는 느낌도 우리의 마음속에 자리 잡고 있다. 원장님의 말씀을 듣고 보니 이런 사실들이 더욱 실감나게 느껴졌다. 그래서인지 앞으론 말할 때부터라도 행동을 똑바로 해야겠다는 생각이 들었다.

원장님은 서원을 찾아온 어린이들과 학생들에게 유독 더 애정을 가지신다. 자식은 부모를 보고 배우며 자라는데, 현대사회에서는 부모들이 너무 바빠 제대로 자식을 교육하지 못해서 학교폭력이나 청소년 범죄 같은 문제가 생긴다. 그래서 가정에서 못하는 교육을 서원에서 대신 해야 하는데 현재로선 그런 프로그램을 실현할 수 있는 여건이 조성되지 않다며 안타까워하셨다. 사회를 걱정하시고 차세대 교육과 인성을 염려하시는 원장님이야말로 우리 사회를 지키는 은행나무 같은 분이라고 생각이 들었다.

용인의 보물, 그리고 세계의 보물

원장님은 심곡서원을 알리기 위해 다양한 노력을 기울이셨다. 서원 홍보책자를 제작하고, 학식과 인망이 높은 강사진을 초빙하고, 용인시에 요청하여 문화해설사 안내원을 배치 받기도 하였다. 이러한 노력을 사람들이 알아준 것일까, 고요하고 한적하기만 하던 서원에 사람들의 발자국이 늘기 시작했다. 높은 콘크리트 빌딩과 네온사인에 지친 사람들은 고즈넉한 서원의 매력에 끌렸다. 거대하고 울창한 보호수, 꽃잎이 연못에 떨어지는 절경, 그리고 조선시대에 들어온 것 같은 서원의 모습은 빠르게 사람들이 가볍게 들릴 수 있는 쉼터가 되었다. 이러한 사람들의 인지도 상승과 서원사람들의 노력으로 심곡서원은 경기도 유형문화재 제7호로 등록되었다.

하지만 원장님에게 이것은 아직 과정에 불과하다. 용인의 심곡서원에서 한국의 심곡서원으로, 더 나아가 세계에 널리 알리기 위해 세계문화유산 심사를 준비하고 계신다. 물론 어려운 길이다. 심곡서원은 아직 사람들이 잘 모르고 있고 현재 복구된 건물도 예전에 비하면 아담한 규모이다. 하지만 원상님은 이런 상황들은 그리 힘든 것이 아니라고 하신다. 예전에는 '심곡서원의 세계 홍보'는 꿈꾸기 힘든 환경이었지만 지금은 대중들에게 알릴 수 있는 통로가 다양해졌고 쉽게 접할 수 있어 예전에 비해 훨씬 나아졌다. 오늘보다 좋은 내일이란 희망, 그리고 세계 속의 서원이라는 꿈을 가지고 있기에 하루하루가 의미 있고 흥겹다고 하신다. 하루하루 심곡서원이 더더욱 세상과 함께하길 바라며 오늘도 원장님은 방문객들을 맞이하고 계신다. 원장님의 삶을 돌아보니, 원장님의 호 만국(晩菊: 늦게 핀 국화라는 뜻)이 원장님과 정말 잘 어울린다는 생각이 들었다.

심곡서원을 뒤로 하면서
책으로만 스쳐보던 옛날이야기, 피부로 느끼다

생애 처음 해보는 구술에 대해 내심 걱정했던 것과는 달리, 구술면담 후 심곡서원의 문을 나온 우리들의 표정은 한결 밝았다. 어려운 숙제를 해치웠다는 홀가분한 느낌이 아니라 "처음 해본 것인데도 정말 재미있었다", "또 구술하러 오고 싶다"라는 보람찬 즐거움이었다. 고집 센 할아버지와의 대화를 예상했었는데, 그 걱정은 구술면담을 시작하자마자 사라졌다. 심곡서원의 원장님은 우리를 아무 것도 모르는 어린학생으로 여기지 않으셨고 진지하게 대해 주셨다. 차근차근 구술을 해주시는 원장님의 말씀, 또 그 말씀을 앉아서 경청하고 있는 나, 그리고 촬영하면서 손을 모으고 서서 경청하던 다른 학우들….

처음 수업을 들었을 때는 구술이 뭘까 궁금했다. 구술사라는 용어로 봐선 역사 관련 수업 같은데, 어떤 수업일까 상상해 보았다. 그리고 수업을 진행하면서 구술이 어떤 것인지 직접 몸으로 알게 되었다. 또 하나의 역사라고 하시던 교수님의 말씀처럼 사람의 인생 속에 이렇게 많은 이야

아파트로 둘러싸인 심곡서원 전경

기가 있는지 몰랐다. 글로 공부한 지식이 아닌 입을 통해 나온 살아있는 역사. 내가 구술면담에서 얻은 느낌이었다. 책에서만 볼 수 있었던 옛이야기들, 원장님은 그 이야기의 주인공이었다. 우리가 알고 있다고 생각한 내용도 원장님의 이야기 속에선 전혀 다르게 느껴졌다. 한 사람의 인생이 이렇게 다양하고 복잡한 내용인데 한나라의 역사엔 얼마나 많은 숨은 이야기가 있을까란 생각도 들었다. 이 구술사라는 학문이 그런 이야기를 밝혀내는 과정이 아닌가 여겨졌다. 교실이란 좁은 공간이나 책으로는 이런 점을 깨닫기 어려울 것이다. 직접 구술면담을 준비하고, 실행하고, 녹기하는 과정에서도 배울 점이 많았다. 굳어 있는 학문이 아닌 살아있는 학문 그리고 현재진행형인 학문, 이게 바로 구술사였다.

서원에 대한 생각도 많이 변했다. 보존해야만 하는 조상들의 유산이라고만 생각했는데, 현대 사람들과 공존할 수 있는 문화공간이라고 말이

구술을 마치고 이종기 원장과 함께

다. 문화유산은 훼손 당하지 않도록 무조건 보존해서 후대에 넘겨야만 하는 것으로 인식하고 있었는데 심곡서원의 모습을 보니 내 생각이 너무 제한적이라는 생각이 들었다. 전통을 보존하기 위해 문을 닫은 서원보다는 문을 열고 사람들과 소통하는 서원의 모습이 훨씬 더 매력적이었다.

아직도 생생하게 기억난다. 따뜻하게 내리쬐는 햇볕 아래, 고요하고 평화로운 풍경의 심곡서원. 그리고 연세와 상관없이 더욱더 활발한 활동을 하시던 원장님. 지금 이 글을 쓰고 있는 추운 겨울에도 그 곳을 생각하면 마음이 따뜻해진다. 서원에 안 가본 사람들에게 꼭 가보라고, 정말 좋은 곳이라고 말해주고 싶다.

제2부

용인의 향교 · 서원 콘텐츠 기획

1_ 『용인신문』의 기사를 통해 본 용인의 향교와 서원

최명환·임영상

머리말

지역신문(地域新聞)은 해당 지역의 관심거리나 그 지역에서 유용한 정보를 수록하여 해당 지역 사람들에게 제공하는 신문이다. 곧 용인지역에서 발행하는 신문은 용인시 관내에서 지역사회와 밀착하여 언론 활동을 전개하는 '언론매체'인 것이다. 용인지역의 독자들을 대상으로 지역 내의 소식이나 생활정보 등을 보도하면서, 지역사회의 여론을 대변하고 계도하는 역할을 담당한다. 따라서 용인지역 신문은 용인의 지역사회를 반영하고 있다고 볼 수 있으며, 용인시를 이해하는 초석이 된다.

용인시 관내에는 현재『용인신문』을 비롯하여『용인시민신문』,『용인인터넷신문』 등의 지역신문들이 발행된다. 이들 용인지역에서 발행하는 신문에는 용인과 관련한 인물, 사건, 문화유적, 행사, 도서, 기관 및 단체 등 과거부터 현재까지 용인 사람들의 삶을 살펴볼 수 있는 기사들이 수록되어 있다. 이들 기사를 통해 용인의 역사와 문화를 바라보는 시민들의 생각까지도 확인할 수 있다.

이 글에서는 용인지역에서 창간 연대가 가장 오래된 『용인신문』(1992년 창간)에 수록된 기사 가운데, 용인시 지역의 향교와 서원 관련 기사들을 검토하려 한다. 향교와 서원에서 행하는 향례(享禮)를 비롯해서 교육기관으로서 현대인들에게 다가가기 위한 노력 등에 이르기까지 용인지역 향교와 서원이 『용인신문』에 어떻게 수록되어 있는지를 확인하려 한다. 이는 용인의 서원과 향교가 단순히 '과거의 교육기관'에만 머물러 있지 않고, 용인사람들의 관심을 받으며, 현재에도 유지되는 교육기관으로서 일정한 역할을 담당하고 있기 때문이다.

일반적으로, 전통사회에서 용인의 향교와 서원이 담당하는 공통의 기능은 용인 거주민들을 대상으로 한 '향례'와 '교육'일 것이다. 그러나 향교와 서원이 지니는 교육적 기능이 소실된 현대사회에서는 '향례'가 주된 기능으로 남아 있다. 그러면서도 현대의 용인거주민들과 끊임없이 소통하면서 본래의 교육적 기능을 찾아가려 한다. 현재 용인에는 향교와 서원이 각각 두 곳씩 남아있다. 용인지역 향교에는 '용인향교'와 '양지향교'가 있으며, 서원에는 '충렬서원'과 '심곡서원' 등이 있다.

용인향교는 조선시대 전기에 세워졌으며, 용인시 기흥구 언남동에 소재해 있다. 용인시 향토유적 제1호로 지정되어 있다. 1894년(고종31)에 원래(마북리 구교동으로 추정)의 위치에서 현 위치로 이전된 후로 문묘(文廟)의 향사를 받들고 있다. 양지향교는 용인시 처인구 양지면 양지리에 소재하고 있으며, 1523년(중종18)에 창립되었다고 전한다. 매년 음력 8월 27일 석전제(釋傳祭)를 봉행하고 있다. 1908년 4월 양지초등학교(사립 '추양의숙'으로 설립되었다가, 1911년 9월에 공립 양지공립보통학교로 개칭)가 설립되어 교육 기능을 담당하였고, 1952년에 현 용동중학교(1957년) 전신인 '신생중학교'가 설립, 운영된 것으로 보아서 양지향교는 20세기 중반까지 교육기능을 담당해 왔다고 할 수 있다.

충렬서원은 용인시 처인구 모현면 능원리에 소재해 있다. 포은(圃隱) 정몽주(鄭夢周: 1337~1392)의 학덕과 충절을 기리기 위해 조선 중기인 1576년(선조9)에 지어졌다. 처음에는 정몽주와 조광조의 묘소 중간 지역인 지금의 죽전동에 세워졌으며, 서원 이름도 '죽전서원(竹田書院)'이라 불리웠다. 임진왜란 때 서원 건물이 소실되자, 1605년(선조38)에 중건하였다. 그 후 1871년(고종8)에 대원군의 서원철폐령으로 훼철되었다. 이어 1911년에 유림에서 사우를 중건하고, 1956년에는 강당을 복원하였으며, 1972년에 문화재로 지정되었다. 일제강점기에 능원리 주민들의 조직인 '보린회'에서 충렬서원에 강습소를 열고 초등교육을 실시하여 모현의 교육 발전에 기여하였다. 심곡서원은 용인시 수지구 상현동에 있다. 심곡서원은 1650년(효종 원년)에 '심곡(深谷)'이라는 사액현판과 토지와 노비 등을 임금에게 하사받았다. 대원군이 서원철폐령을 내렸을 때에도 무사했던 47개 서원 중 하나이다. 사우에는 조광조와 양팽손의 위패가 봉안되어 있다. 매년 음력 2월과 8월 중정(中丁)일에 향사를 지낸다.

용인의 향교 · 서원의 향례(享禮)

용인 관내에 있는 향교와 서원의 현재적 기능은 앞에서 언급하였지만, '향례(享禮)'에 있다고 할 수 있다. 『용인신문』에 기록된 용인의 향교 및

역사 인물 탐구

포은 정몽주

모현면 능원리 애국충절기리는 「충열서원」

4월 6일 탄신 651주년 기념하는 행사 열려

충절의 대명사 성리학의 거봉

이성계의 회유 죽음으로 맞서

기사명	애국충절기리는 「충렬서원」
발행사항	성산신문, 1993.04.15. 018호, 05면
기사 요약	
포은 정몽주 선생의 탄신 651주년을 기념하는 행사가 4월 6일 모현면 능원리 충렬서원에서 열렸다. 이날 행사는 각계 인사와 지역주민 1백여 명이 참석, 포은선생의 고결한 충절을 기렸다.	

서원 기사 내용의 대부분이 용인향교·양지향교의 '석전제(釋奠祭)'와 충렬서원·심곡서원의 '춘추향제(春秋享祭)'와 관련한 기사이다. 이들 기사들은 대부분 언제 석전제와 향제를 거행하였고, 어느 정도의 인원이 참가하였는지를 기록하고 있다. 보편적으로 용인의 향교와 서원에서 각각 거행하는 석전제와 향사에는 관련자 및 일반 주민들 100여 명이 참석한 것으로 되어 있다. 곧 『용인신문』의 이러한 기사들을 통해서 향교와 서원의 향례적 기능이 현재까지도 유지되고 있음을 확인할 수 있다.

용인 지역의 향례는 '용인향교'의 의례가 규범이 된다. 따라서 충렬서원과 심곡서원 등의 의례도 용인향교의 의례와 크게 다르지 않다. 이는 용인관내의 향교와 서원 가운데, 가장 오랜 전통을 지닌 용인향교의 석전제가 기준이 되고 있기 때문이다. 용인 지역 유림들이 '제집사(諸執事)'와 '헌관(獻官: 제사를 지낼 때 임시로 임명되는 제관)'을 겸하고 있으므로, 양지향교는 물론 충렬서원과 심곡서원 모두 향례의 절차와 제수진설(祭需陳設) 등이 대동소이하다. 물론 향교의 의례인 석전제는 서원의 의례와 달리 규모가 크고 절차가 보다 엄격하다.

심곡서원 추계향사 봉행

양지향교 추계석전대제 거행

정암 조광조 선생의 위패를 모시고 있는 심곡서원(수지면 상현리 소재)의 추계향사가 19일 윤병희 군수를 초헌관으로 하여 봉행됐다.

이날 행사에는 관내 유림들, 관계자 및 문정중학교 학생 1백여명이 참석해 정암선생의 충절과 효를 기렸으며, 양지향교는 21일 추계석전대제를 거행했다.

기사명	심곡서원 추계향사 봉행 양지향교 추계석전대제 거행
발행사항	성산신문, 1995.09.21, 133호, 06면
기사 요약	
정암 조광조 선생의 위패를 모시고 있는 심곡서원(수지면 상현리 소재)의 추계향사가 1995년 9월 19일 윤병희 군수를 초헌관으로 하여 봉행되었다.	

다만, 용인향교와 양지향교의 경우 대성전 위패 봉안에서 약간의 차이가 있다. 용인향교는 정호(程顥)의 위패를 봉안하고 있는 반면, 양지향교는 정이(程頤)의 위패를 봉안하고 있다. 그리고 선현의 위패 봉안에서 용인향교는 주희(朱熹) · 정호 · 최치원(崔致遠) · 설총(薛聰) 순인데, 양지향교는 최치원 · 설총 · 주희 · 정이 순으로 되어 있다는 차이점이 있다. 또한 진설도(陳設圖)나 석전홀기(釋奠笏記: 석전봉행 순서)의 경우도 일부 차이가 있으며, 집사의 경우 용인향교는 양지향교에 비해 대봉작과 외봉작의 역할을 분명히 하고 있다.

용인향교, 추계 석존대제 지내

용인향교 향교장의회(전교 김건중)는 지난 9일 구성면 소재 용인향교 대성전에서 추계 석존제를 지냈다. 대략 정종 2년(1400년)경에 설립된 용인향교는 오성(五聖)과 송조이현(宋朝二賢) 그리고 아국십팔현(我國十八賢)의 위패를 봉안하고 매년 공자 탄진일(誕辰日)에 7개 읍면 유림들이 모여 제사를 지내고 있다.

이날 추계 석존제에는 최학현 부시장, 유도회 회원 등 1백여명이 참석하여 엄숙하게 진행되었는데 초헌관에 최학현 부시장, 아헌관에 김건중 전교, 종헌관에 이영희 前전교가 제를 올렸다.

기사명	용인향교, 추계 석존대제 지내
발행사항	성산신문, 1996.10.16, 181호, 6면
기사 요약	
용인향교 향교장의회(전교 김건중)는 지난 1996년 10월 9일 구성면 소재 용인향교 대성전에서 추계 석존제를 지냈다.	

충렬서원과 심곡서원의 경우에는 조직에서는 별 차이가 없다. 다만 충렬서원은 이사가 없고 전의와 사서가 있는 반면, 심곡서원은 이사가 있고 전의와 사서가 없다. 또한 춘추향사에서 충렬서원은 음력 3월과 9월, 심곡서원은 2월과 8월 중정일에 행하고 있다. 집사의 경우는 거의 대동소이하지만, 충렬서원의 경우 집례(執禮)[정집례 · 부집례] 두 명, 봉향(奉享) 한 명(외봉작 겸임), 사준(司罇: 향례 때에 제주[祭酒] 단지를 맡아보던 사람) 한 명이고 알자(謁者: 빈객을 주인에게 인도하는 사람)는 없다. 그러나 심곡서원의 경우 집례 한 명, 사준 두 명, 알자 한 명으로 일부 차이가 난다. 향사례 홀기의 경우에도 충렬서원과 심곡서원은 진행 절차에서 약간의 차이를 보이고 있다.

심곡서원 매각기도 유림반발

아파트건립부지 등 신청서 접수 상태…"마구잡이 개발 억제책 마련 시급"

지역문화계에서는 개발에 의한 문화재 훼손을 막을 수 있는 대책 마련이 시급하다고 주장하고 있다.

기사명	심곡서원 매각기도 유림반발
발행사항	용인연합신문, 1999.08.25, 315호, 05면
기사 요약	
심곡서원(원장 이현명)과 한양조씨 문중(대표 조세형)은 학교법인 심곡학원(이사장 한창호)이 수지읍 상현리 산 206번지 일대 및 산 55의 1번지 일대의 서원 땅을 아파트 및 유치원 건립 부지로 매각하려 한다며 건설을 저지하는 진정서를 접수하는 등 강하게 반발하고 있다.	

용인의 향교 · 서원과 도시화(都市化)

경기도 용인은 1980년대에서 1995년까지 인구가 매년 3%대로 증가하다가, 1996년부터 현재까지 17.3%씩 증가하였다. 이는 1996년부터 용인시가 수도권의 주거도시로서 택지개발이 활발히 이루어져 인구 유입이 급격히 늘어났기 때문이다. 특히 용인의 중심지 역할을 해 온 시가지(중앙동을 비롯한 4개동)에 비해, 택지 개발로 대단위 주거지가 건설된 서북부 신시가지인 수지, 구성, 기흥 등의 인구가 급격하게 증가하였다.

이와 같이 용인의 도시화로 인한 인구 증가는 전통문화유산 특히 유형의 문화유산에 많은 영향을 준다. 『용인신문』에서도 이를 확인할 수 있다. '콘크리트에 묻힌 문화재'라는 제목의 기사에서도 확인할 수 있듯이 유형의 문화유산은 도시 아파트촌에 둘러싸인 하나의 섬처럼 남게 되었다. 특히 용인의 대표적인 유형문화유산이라고 할 수 있는 향교와 서원은 더욱더 그러하다. 수지에 있는 '심곡서원'과 관련해서는 매각과 관련

향교 담장밖 10M면 합법…그렇다고 문화재 안전한가

'개발앞에 홀대받는 향토 문화재'

이제 용인향교 차례

민영환 및 채제공 묘역 경관훼손
고층아파트 배경 한국민속촌 이어

기사명	개발 앞에 홀대받는 향토문화재
발행사항	용인연합신문, 1999.01.27, 287호, 01면
기사 요약	
용인시는 1월 20일 용인시향토유적보호위원회를 개최, 향교훼손 여부에 대한 심의를 갖고 향교와 가까운 동의 경우 15층으로 낮추고 외곽도로를 아파트 안쪽으로 내는 등 향교를 최대한 보호하는 차원에서 조건부 승인을 했다.	

한 기사도 있는가 하면, 도시화 되는 용인시 향교와 서원에 대해서 "문화재 주변에 고층 아파트가 들어서는 등 문화재 경관을 훼손하는 일이 있어서는 안 되며, 마구잡이식 개발을 억제할 수 있는 대책 마련이 시급하다."라는 기사처럼 '보존'의 목소리를 높이기도 하였다.

한편, 『용인신문』을 통해 도시화로 인해 점점 도시 속 섬이 되어가는 용인의 향교와 서원들에 대한 대책으로 용인시와 시민들이 직접적으로 어떻게 활동하였는지도 확인할 수도 있다. 용인지역에 개발이 잇따르면서 각종 문화재가 콘크리트 숲에 갇히는 등 개발 폐해가 늘어났다. 그 무렵 한 건설업체가 용인향교에 인접해 있는 구성면 언남리에 18층짜리 민영아파트 건립을 추진하였다. 용인시는 이에 대응해서 1999년 1월 20일 '용인시향토문화유적보호위원회'를 열었다. 그리고 향교 훼손에 대한 심의를 거쳐, 향교와 아파트 사이에 녹지를 조성하고 향교와 가까운 동의 경우 15층으로 낮추고, 외곽도로를 아파트 안쪽으로 내는 등의 대안을 마련하였다.

문화재관리 사각지대 **콘크리트 숲에 묻히는 문화재**

기사명	콘크리트 숲에 묻히는 문화재
발행사항	용인신문, 1999.04.15, 344호, 9면
기사 요약	
심곡서원은 조선시대의 문인인 정암 조광조 선생을 배향한 곳으로 정암의 시호는 문정이다. 인근에 아파트가 들어설 예정이다.	

그러한 노력에도 불구하고, 용인의 향교와 서원이 그 나름의 기품을 유지하기는 어려웠다. 그리고 이를 바라보는 용인시민들의 안타까움도 느낄 수 있다. 자동차 소음과 매연, 콘크리트에 둘러싸인 목조 건물인 서원은 외관은 차치하고라도 건물 자체가 공해에 견딜 수 있을까를 걱정해야 했다. 여기서 더 나아가 용인사람들은 향교와 서원의 보존을 통해 용인의 자존심을 다시 새기고자 하였다.

한편, 도시화되는 과정에서 용인시 향교와 서원도 보수공사를 진행하게 되는데, 이 부분에 대해서 문제를 제기한 기사도 있었다. 보수공사로 인해 경내의 건물 주춧돌을 바꾸고, 담장을 새로 하고, 새로운 기와를 올린 것에 대해 우려를 표출하였다. 복원하는 과정에서 담장 벽을 벽돌로 가지런히 쌓고 시멘트를 발라 마무리를 했는데, 유적을 복원했다고 하기보다는 완전히 새로 지은 현대식 건물 담장이 되어버렸기 때문이다. 또한 전통기와가 아닌, 플라스틱으로 만든 기와를 쓰는 등의 복원 과정에서의 문제점을 날카롭게 지적하기도 하였다.

용인의 향교·서원과 현대 용인사람들의 만남

조선시대 초기 용인은 용인현과 양지현으로 나뉘어져 있었다. 그리고 양 현에 각기 1개소의 향교가 설립되었다. 또한 조선시대 후기에는 사립교육기관이라 할 수 있는 서원이 세워져 선현에 대한 향사와 더불어 지역 주민들을 위한 교육이 실시되었다. 서원은 용인현에서만 3곳(충렬서원, 심곡서원, 한천서원)이 건립되어 있었다. 그러나 한천서원은 현 이동면 천리에 있었으며 도암 이재를 배향하던 곳이었는데, 대원군의 서원 철폐령으로 철폐되었다. 당시 심곡서원만 남기고 두 서원은 모두 철폐되었는데, 후에 충렬서원은 복원된 것이다.

'향례'와 '교육 기관'으로서의 기능을 하던 향교와 서원은 19세기 말 현대적 교육제도를 도입하기 전까지 지역의 인재를 육성하던 곳이었다. 조선시대에 설립된 교육기관으로서 향교와 서원이 비록 당시와 같은 영향력을 지니고 있지는 않지만 오늘날까지 현존함으로써 우리의 정신세계를 이끌고 있다. 특히 '예절', '인성' 교육이 절실한 현대인들의 입장에서 향교와 서원은 예절과 인성교육의 최적지라는 생각까지도 들게 한다. 물론 현대인들과 어떻게 소통하게 할 수 있느냐는 방법적인 문제가 남아 있기는 하다. 『용인신문』 기사를 통해서 용인시에 소재해 있는 향교와 서원이 용인에 거주하는 주민들에게 다가갈 수 있도록 어떻게 노력했는지를 확인할 수 있다.

1) 문화유산 답사지로서의 용인 향교와 서원

유홍준의 『나의문화유산답사기』 이후 각 지역에 산재해 있는 문화유산들을 돌아보는 프로그램들이 만들어지기 시작하였다. 특히 지역에서

"향토 유적에 눈뜨는 계기"

유적 순례를 다녀와서

"향토유적에 더 많은 관심 있어야"

"용인에 대해 많이 알게 돼 기뻐"

기사명	향토 유적에 눈뜨는 계기
발행사항	용인신문, 2001.05.12, 392호, 08면
기사 요약	
2001년 4월 29일 용인신문사가 주최한 제 1차 용인향토문화유적답사반 30명은 양지면에 위치한 양지향교를 시작으로 세중옛돌박물관과 원삼면의 고인돌, 허균선생묘, 미평리 약사여래입상 등을 둘러보았다.	

는 해당 지역이 가지고 있는 문화유산을 돌아보고, 지역 소재 문화유산의 이해와 나아가서는 지역의 정체성도 확인하려 하였다. 『용인신문』 기사를 볼 때, 용인의 향교와 서원도 용인의 문화유산 답사지 가운데 대표적인 한 곳이었다. 이는 과거의 문화유산이자 교육기관인 향교와 서원을 현대인들에게 다가가게 할 수 있는 하나의 기회가 되었다.

용인지역의 초등학교 학생부터 성인들에 이르기까지 향교와 서원을 돌아보면서 해설자의 설명을 듣는다. "향교나 서원에 들어갈 때는 동쪽으로 들어가서 서쪽으로 나오며, 계단을 오를 때는 왼발을 올려놓고 오른발을 붙이는 식으로 올라가야 하고, 향사에서 절을 할 때는 양쪽 팔을 벌리고 양손을 모아 땅에 엎드려 절을 한다. 다만, 향사를 지낼 때 여러 명이 지낼 자리가 없을 때는 목례로만 지낸다. 또한, '배례(拜禮)'라는 구령에 맞추어 인사를 하고, '평신(平身)'이라는 구령에 머리를 든다. 향교 안에 꽃나무가 있으면 주위가 산만해지기 때문에 화려하지 않은 은행나무나 사철 푸른 나무를 심는다"는 등의 향교와 서원에 관련된 이야기를 들으면서 용인사람들은 용인의 향교와 서원에 다가갈 수 있었다.

2) 용인 향교·서원 교육의 부활

▶충효교육관 준공식 개최
구성읍 언남리 용인향교내

용인시는 지난 29일 용인향교에서 예강환 용인시장을 비롯해 김윤식 국회의원 등 지역 인사들과 유림 100여명이 참석한 가운데 충효교육관 준공식을 개최했다.

이번 준공식을 개최한 충효교육관은 지난해 9월 구성읍 언남리 용인향교내에 착공, 완공된 것으로 1층은 관리실과 소회의실로, 2층은 교육장으로 이용될 예정이다.

기사명	충효교육관 준공식 개최 구성읍 언남리 용인향교 내
발행사항	용인신문, 2001.09.06, 405호, 05면
기사 요약	
용인시는 8월 29일 용인향교애서 예강환 용인시장을 비롯해 김윤식 국회의원 등 지역인사들과 유림 100여명이 참석한 가운데 충효교육관 준공식을 개최했다.	

『용인신문』 기사를 통해서 2001년 용인향교에 '충효교육관'이 건립되었고, 심곡서원도 2012년에 교육관을 건립하였다는 것을 알 수 있다. 용인향교에서는 생활예절교육과 한문강좌를 통해서 현대인들에게 교육기관으로 다가가려 하였다. 명심보감을 교재로 명심보감의 뜻과 교훈을 강의하며, 예절교육은 일상생활에서 지켜야 할 도리들을 중심으로 사회예절, 가정예절, 혼인, 제사, 장례 등에서의 예식 절차를 일반인들이 알기 쉽게 가르치기도 하였다. 심곡서원에서도 서예교실, 한문강학, 충효교육 등이 이루어졌다. 또한 양지향교에서는 1995년 3월 '청년유도회'를 창립

하였다. '청년유도회'는 인의예지(仁義禮智)이 유교정신을 기르며, 노력 회복운동을 전개할 목적으로 창립된 모임이다.

청년유도회 결성식

지난 7일 양지향교에서 청년유도회 결성식이 있었다. 청년유도인은 유교의 근본정신에 입각하여 바른 덕성과 절조있는 행동으로 사회정의를 선도함을 목적으로 하며 군수, 내사면장 등 약50여명이 참석했다.

기사명	청년유도회 결성식
발행사항	성산신문, 1995.03.09, 109호, 06면
기사 요약	
1995년 3월 7일 양지향교에서 청년유도회 결성식이 있었다.	

3) 용인 향교와 서원의 축제

용인의 향교와 서원과 관련해서 수록된 『용인신문』 기사 가운데 2010년대에 오면서 흥미로운 기사가 몇 건 있다. 문화유산답사지로서의 용인 향교 · 서원이 아니라, 지역축제의 공간으로서의 용인 향교와 서원이 되고 있다는 것이다. 특히 공간의 축제적 활용은 심곡서원에서 활발하게 진행되었다. 2009년 용인시 상현1동 주민자치센터는 심곡서원에서 '어린이 심곡제'를 개최하였다. 어린이 심곡제에서는 지역 내 초등학생 30여 명이 참석해 '우리 마을 상현동'이라는 주제로 글짓기를 하였다. 2010년 5월 22일에는 '문화재 생생체험교실'의 일환으로 용인시에서 청소년들을 대상으로 심곡서원 등의 문화유적을 답사하고 조광조 및 기묘명현에 대

"아름다운 내고장 문화"

상현1동 주민자치, 첫 '어린이 심곡제' 개최

용인시 상현1동 주민자치센터는 지난 23일달 용인 심곡서원에서 '어린이 심곡제'를 개최했다.

어린이심곡제에는 지역 내 초등학생 30여명이 참석해 '우리 마을 상현동'을 주제로 글짓기를 했다.

어린이 심곡제는 용인시 상현1동에 소재한 문화 유산인 심곡서원에 대해 지역 주민들과 어린이들이 관심을 갖고 알 수 있도록 상현1동 주민자치센터에서 금년 처음 실시한 행사다. 이날 행사에는 내 고장 문화를 아름답게 표현한 상현초등학교 유하연 어린이 등 6명의 어린이가 상을 받았다. 상현1동 주민자치센터 한순자 주민자치위원장은 "내년에는 글짓기 외에도 사생대회 등 다양한 행사를 마련해 개최 할 것"이라고 말했다.

〈김미숙 kiss1204h@yonginnews.com〉

기사명	아름다운 내 고장 문화
발행사항	용인신문, 2009.06.07, 775호, 18면
기사 요약	
용인시 상현1동 주민자치센터는 2009년 5월 23일 용인 심곡서원에서 '어린이 심곡제'를 개최했다.	

한 역사이야기를 들려주며, 전통 부채에 역사 그림그리기, 서예 실습, 전통 민속놀이 등의 체험행사를 열었다. 2012년에는 용인시 주최로 심곡서원에서 '정암 조광조 문화제'를 개최하였다. 정암의 삶을 조명하는 '성인(聖人) 정암 조광조'와 추모선양행사, 공연, 전시체험행사 등으로 구성되었다.

용인의 향교·서원과 현대적 인물

『용인신문』의 기록 가운데 용인의 향교 서원과 관련해서 주목되는 인물이 두 명 등장한다. 심곡서원에서 '선대에 가르침을 전하는' 서예가 조성달 씨와, 용인향교 추계석전제에서 '당하집례(堂下執禮)'를 맡은 용인 여성유도회장 박청자 씨 등이다.

1) 정암 조광조 선생의 후예 조성달

"선대에 가르침 전하는 것이 나의 삶"

심곡서원서 무료 한문강학과 서예특강

기사명	"선대에 가르침 전하는 것이 나의 삶"
발행사항	용인신문, 2007.04.15, 672호, 23면
기사 요약	
	심곡서원에서 무료 한문강학과 서예특강을 하고 있는 서예가 조성달 씨(63)를 인터뷰 하였다.

2000년대 초반에 서예가 조성달 씨가 심곡서원에서 서예교실을 열었다. 조성달 씨는 정암 조광조 선생의 후예이면서, 서예작가로 활동을 하고 있다. 조성달 씨가 서예교실을 열면서부터 향사나 특별한 행사 때만 북적이던 심곡서원에 용인에 거주하는 주민들의 발길이 닿게 되었다. 조성달 씨는 서예한문반 70여 명의 학생들을 매주 2회에 걸쳐서 수업을 진행하였다. 특히, 한문강학반은 초급, 중급반으로 오전, 오후로 나누어

서 수업을 진행하고, 서예반은 일반부와 작품부로 나누어서 수업을 하였다. 주민들은 매주 한나절 이상 심곡서원에 머물며 공부할 수 있는 기회를 제공받게 된 것이다.

2) 용인여성유도회장 박청자

용인인터뷰/ 용인여성유도회 박청자회장

“인의예지신의 도리속에서 남녀평등”

190여개 여성유도회중 유일하게 당하집례 맡아

기사명	인의예지신의 도리 속에서 남녀평등
발행사항	용인신문, 2003.10.06, 502호, 19면
기사 요약	
지난 2003년 9월 23일 구성읍에 위치한 용인향교에서 실시된 추계석천제 당하집례를 맞은 박청자(전국주부교실 경기도 지부 회장) 용인여성유도회 회장.	

2003년 용인향교 추계석전제에서 여성이 당하집례를 맡아 주목을 받았다. 여성이 당의를 예복으로 입고 족두리를 쓰고 집례하는 모습은 남성 중심의 향교행사에서 볼 수 없는 일이었기 때문이다. 그가 바로 용인여성유도회장 박청자 씨다. 회장은 전국 190여 개의 여성 유도회 조직 가운데 유일하게 당하집례를 맡아 진행한 인물이다. 홀기를 읽으며 진행을 담당하는 제관집례자가 있고, 당하집례자는 홀기에 대한 해설을 담당

하는 제관을 뜻하는데, 박청자 회장은 1998년부터 추계석전제에서 낭하집례를 맡아오고 있다.

기타

심곡서원 건축폐기물 불법 매립

서원측, "잠시 묻어 놓은 것" 해명

용인시 수지구 상현동에 위치한 심곡서원에서 불법으로 건설 폐기물을 매립, 형사 고발 조치 됐다.

수지구청에 따르면 심곡서원 측은 지난 달 21일부터 부지 안에 있던 주택을 철거하면서 건설폐기물을 그대로 매립, 적발돼 형사고발 됐다.

그러나 이에 대해 서원측은 철거 공사를 진행하는 과정에서 땅이 질어 중장비 진입이 불가능해 폐기물을 잠시 묻은 것이라고 해명하고 있는 것으로 알려졌다.

심곡서원은 조선 중기의 유학자 정암 조광조의 위패가 모셔 있는 곳으로 1972년 제7호 경기도 유형문화재로 등록, 매년 지역주민 등이 참여하는 춘계향사가 열리고 있다.

〈김호경 yongin@yonginnews.com〉

기사명	심곡서원 건축폐기물 불법 매립
발행사항	용인신문, 2007.10.07, 694호, 07면
기사 요약	
용인시 수지구 상현동에 위치한 심곡서원에서 불법으로 건설 폐기물을 매립, 형사 고발 조치 됐다.	

『용인신문』에는 용인의 향교 · 서원과 관련해서 긍정적인 기사만 있는 것은 아니었다. 2007년 10월 7일 기사를 보면, '심곡서원'이 부지 안에 있던 주택을 철거하면서 건축폐기물을 매립하여 형사 고발을 당했다. 심곡서원은 철거 공사를 진행하는 과정에서 임시로 묻은 것을 오해한 것이라

고 하였다.

맺음말

현대사회에서도 지방에는 면소재지나 읍소재지에 고등학교가 있듯이 조선시대에도 군현에 향교가 세워졌다. 지금도 고등학교 교육은 대학 진학을 최우선 목표로 삼듯이 향교의 학생들도 지방에서 치르는 생원진사 시험에 합격해 국립대학인 성균관에 입학하는 것이 목표였다. 한편, 지금도 지방 공교육에 한계가 있듯이 당시에도 지방의 향교에서 교관직을 맡는 것을 회피하는 현상이 있어서 향교의 교육기능에 한계가 있었다. 곧 문과에 급제한 사람들이 중앙의 행정 관료로 진출하는 것을 희망하여 출세의 보장이 없는 향교에서 선생 노릇을 하기를 꺼려했던 것이다.

뿐만 아니라, 재정지원이 충분하지 못해 향교에서는 교육용 서책이 항상 부족했다. 그래서 향교는 조선후기에 오면서 교육적 기능을 점차 상실하고 단지 선현에게 제사지내는 향례적 기능을 담당하게 되었다. 이러한 공교육의 부실을 대신한 것이 사립형 학교인 '서원'이다. 일반적으로 교육의 기능으로서 향교보다 서원의 역할이 강조된 것도 이러한 배경에서 시작된 것이다.

현재 용인의 향교와 서원은 교육기관으로서의 기능보다는 향례(享禮)의 기능이 더 강하다. 이는 용인의 향교 서원만의 현실은 아니고, 한국 대부분의 향교와 서원의 모습일 것이다. 그러나 『용인신문』 기사를 통해 볼 때 현대의 용인 사람들과 소통하려는 노력이 지속적으로 이어지고 있다. 문화유산 답사지로서, 과거 교육기관 역할을 재현함으로서, 시민 축제의 공간으로서 등. 느리지만 용인에 거주하는 주민들 옆에 있으면서 소통하려는 모습이 2014년까지 계속되고 있는 것이다.

2_ 심곡서원의 지역문화자원 가치와 활성화 방안

윤유석

지방 사설교육기관으로서의 서원

서원은 조선 중기 이후 학문연구와 선현제향을 위해 지역의 유림들이 세운 지역의 사설 교육기관인 동시에 향촌 자치운영기구이다. 서원은 향교와 함께 우리나라의 전통교육기관이라 할 수 있는데, 향교가 조선시대 공적인 교육을 담당했다면 서원은 사설 교육기관이었다. 역사적으로 지방에 교육기관을 가지고 있는 나라는 극히 드물며, 더우기 현재까지 그 기능을 이어오고 있는 사례는 더욱 드물다. 서원은 지방의 교육을 담당했던 교육기관으로, 중국과 한국, 일본, 그리고 중국의 영향을 받았던 동남아 일부 국가에만 서원이 존립했다.

하지만 지방의 교육기관이라는 설립의도와 달리 나라로부터 공식적인 인정을 받은 사액서원의 경우, 부속된 토지는 면세되고 노비는 면역이 되었기 때문에 이를 이용해 양민들이 경제적 기반을 확대하는 역할을 하는가 하면 서원의 노비가 되어 군역을 기피하는 곳으로 변질이 돼 국가에서 필요로 하는 군정이 부족하게 되기에 이르렀다. 또한 불량한 유생들의 협잡소굴이 되는가 하면 서원세력을 배경으로 지방의 수령을 좌지우지하는 등 폐해가 극심하였다. 또한 면세의 특권을 남용한 서원전의 증가로 국고 수입이 감소하고, 향교를 외면한 유생들이 당쟁에 몰두하는 등 부정한 정치권력과 부패의 소굴이 되어갔다. 결국 고종 2년인 1865년 흥선대원군이 47개의 서원만 남기고 모든 서원을 철폐하기에 이른다.

지역의 문화교육 공간으로 되살아나는 서원의 가치

역사적으로 볼 때 서원은 그 의미와 기능을 다한 구시대의 유물이라 할 수 있다. 그렇다면 지금 우리 지역에 남아 있는 서원의 의미와 가치는 무엇일까? 지난 2011년 국가브랜드위원회 회의실에서 '한국서원 세계문화유산등재 추진준비위원회(위원장 이배용)'가 발족되면서 서원에 대한 새로운 가치평가와 조명이 이루어지고 있다. 당시 위원회에서 등재를 추진하는 서원은 소수서원(영주)을 비롯해 도산서원, 병산서원(안동), 무성서원(정읍), 필암서원(장성), 옥산서원(경주), 도동서원(달성), 남계서원(함양), 돈암서원(논산)까지 총 9개 서원이었다.

세계문화유산등재가 언급되고 있는 이들 서원들은 서원의 건축물이나 유물이 잘 보존되어온 사례이다. 기호학의 본고장인 경기도에도 약 25개의 서원이 있고, 흥선대원군 당시 비훼철된 서원도 9개에 이르는데, 9개의 등재후보에 들지 못한 것은 서원이 지닌 유형·무형의 가치를 지켜오지 못한 결과라고 할 수 있다. 정암 조광조선생을 배향하는 심곡서원도 훼철되지 않은 9개 서원 중 하나로 훈구세력에 대항한 사림정치의 발로지라 할 수 있음에도 크게 주목받지 못하고 있는 실정은 안타까운 현실이다.

우리가 서원에 관심을 가져야 하는 이유는 세계문화유산등재 때문만이 아니다. 각종 권한과 기능을 중앙에서 지방으로 이양하거나 분산시켜 지역의 자율성과 독립성을 높여가는 지방화 시대가 되면서 역사자원은 지역의 개성을 살리면서 개발할 수 있는 문화자원이 되고 있다. 용인지역에 서원이 있다는 것은 지역의 역사인물과 역사공간을 살려 지역민에게 용인만의 개성 있는 문화 콘텐츠를 제공할 수 있다는 것을 의미한다.

지금까지 서원이 존재하는 방식은 건물보존 중심이었고, 서원의 주요 기능이라 할 수 있는 선현제향, 인재양성, 풍속교화 중에서 선현제향만이 지켜져 왔다. 하지만 서원 본연의 의미를 되살리고 지역민의 '교육과 교화'라는 무형의 가치를 이어가기 위해서는 교육과 교화의 공간으로 활용되는 것이 바람직하다. 서원이 지닌 교육기능의 회복은 건축물뿐만이 아닌 현재까지도 유효한 문화유산의 무형의 가치 회복과 차별화 전략을 위해서도 필요하다. 왜냐하면 앞서 중국과 일본이 서원을 유네스코 세계문화유산으로 등재를 추진하고 있지만 이들 나라의 서원은 제향기능이 전무여서 우리나라 서원이 차별화되기 위해서는 교육기능이 강조되어야 하기 때문이다. 그렇다면 심곡서원의 가치는 무엇일까?

용인의 지역문화자원 심곡서원

율곡 이이는 김굉필, 정여창, 이언적 등과 함께 조광조를 문묘에 배향하고 동방사현이라 불렀다. 심곡서원은 바로 이 정암 조광조선생의 뜻을 기리고 위패를 모셔 배향하며 후학을 가르치던 곳이다. 조광조는 인종 원년(1545년)에 복관되었으며, 사후 50년인 1568년 선조 원년에 신원되어 영의정에 추증되고 문묘에 배향된다. 이어 그의 학문과 인격을 흠모하는 후학들에 의해 사당이 세워지고 서원도 설립되었다. 1570년에는 능주의 죽수서원에, 1576년에는 희천의 양현사에, 1605년에는 그의 묘소 아래에 있는 심곡서원에 봉안되는 등 이후 수백 년간 전국에 많은 향사가 세워졌다.

포은 정몽주를 배향하는 충렬서원과 함께 심곡서원이 용인을 대표할 만한 지역문화자원으로 주목받아야 하는 이유가 여기에 있다. 이 두 서원은 용인의 대표적인 문화공간이라 할 수 있는 에버랜드와 민속촌이 갖고 있지 않은 역사적 상징성과 문화적 의미를 지니고 있기 때문이다. 충렬서원이 충의 이념을 실천한 충신의 삶을 기리는 곳이라면 심곡서원은 성리학에서 강조하는 인과 덕을 바탕으로 '왕(王)도 도덕적 교화를 통해 순리대로 정치를 해야 한다'는 왕도정치(王道政治)라는 유교적 이상정치를 현실에 구현하려 했던 개혁 정치가 정암 조광조의 삶을 기리고 있다. 각각의 서원은 유교 사상의 충(忠)과 도(道)로 상징화 될 수 있는 역사공간이다.

심곡서원은 정암 조광조선생의 삶과 정신을 기반으로 하면서 지역의 역사문화 교육과 교화의 공간으로 활용하고 지역민이 활발하게 오갈 수 있는 공간으로 조성되는 것이 필요하다. 심곡서원의 이러한 현재적 가치와 의미, 활성화의 필요성에도 불구하고 실제적인 운영을 위해서는 풀어야하는 과제와 조성되어야할 여건이 만만치 않다. 심곡서원의 콘텐츠 기획은 이러한 운영 환경과 여건을 고려하여 심곡서원만의 개성 있고 의미 있는 콘텐츠를 기획하고 진행하는 방향으로 이루어져야 한다. 그렇다면 서원 운영에 필요한 것들은 무엇인가?

서원 운영을 위한 5가지 요소

서원을 운영하기 위해서는 크게 5가지 요소가 필요하다. 인력, 장소, 프로그램, 예산, 참가자가 바로 그것이다. 이 장에서는 심곡서원 운영에 필요한 환경과 여건을 이 5가지 요소를 중심으로 살펴보고자 한다.[1)]

1) 인력

인력은 프로그램을 진행하는데 필요한 인력으로 운영진, 강사, 자원봉사자가 있다. 운영진은 프로그램 운영에 참여하는 인력이다. 운영의 책임을 맡고 있는 서원의 원장을 중심으로, 운영 실무를 진행하는 사무장이나 총무, 교육과 행정을 맡는 간사로 구성될 수 있다. 강사는 수강생들에게 프로그램 내용을 교육하고 실습시키는 인력으로 프로그램 진행에서 가장 중요한 역할을 담당한다. 프로그램의 질은 강사에 의해 좌우된다고 해도 과언이 아니다. 강사신은 내부 유도회원과 외부 강사루 구분된다. 내부 유도회원 중에서 임원직은 맡고 있는 장의나 관련 과정을

1) 서원의 운영 요소는 문화체육관광부와 경기도가 지원한 2013년 지역문화컨설팅 지원사업인 「경기도 유교문화 현대화를 위한 향교·서원 조례 제정 및 운영방안 연구」(2014)에서 필자의 집필 부분을 인용해 작성함.

이수한 적임자가 강사를 맡는 경우가 많다. 유도회원은 다시 남성과 여성으로 나뉘는데, 남성회원은 유교경전 강의와 같은 학습활동과 관련된 부분을, 여성회원은 전통예절과 생활문화 분야의 실습활동과 관련된 부분을 담당하는 경우가 많다. 외부 강사는 지역 유도회원이 아니라 외부에서 초청이나 섭외를 통해 강사진을 구성하는 것이다.

2) 장소

장소는 프로그램을 진행할 수 있는 장소이다. 장소는 내부와 외부로 구분된다. 내부 장소는 프로그램 운영 주체가 관리하는 장소로, 서원, 유림회관, 교육관 등이다. 하지만 서원 내부를 사용할 경우, 문화재로 지정되어 있는 서원은 훼손의 위험이 있어 프로그램 참가자들이 자유롭게 활동하는데 한계가 있다. 더욱이 냉난방시설이나 화장실 등의 편의시설을 갖출 수가 없어 프로그램을 진행시키는데 어려움이 있다. 현재는 유림회관에서 교육프로그램이 이루어지는 경우가 많다. 외부 장소는 장소를 빌리거나, 방문하여 프로그램을 진행하는 것이다. 학교나 기관의 교육을 위탁받아 하는 경우 해당 학교나 시설에 가서 프로그램을 운영하게 된다. 한시 백일장과 같은 문화행사의 경우, 행사장이나 문화시설이 프로그램의 진행 장소가 된다.

3) 프로그램

서원에서 진행하는 프로그램은 직간접적으로 유교문화와 선비문화를 기초로 하면서 전통문화와 생활문화가 결합되는 경우가 많다. 우리의 전통과 생활 속에 유교문화가 깊이 배어있기 때문이다. 이러한 프로그램은 내용에 따라 크게 유교학습, 교양학습, 문화체험, 의례체험, 문화행사, 문화관광으로 구분될 수 있다. 이 프로그램들은 단독으로 기획되는 경우도 있지만 1개 이상의 프로그램을 복합적으로 구성하여 하나의 프로그램으로 기획하는 경우가 많다.

유교학습은 유교문화와 직접적인 관련이 있는 이론과 실습을 하게 하는 프로그램이다. 유교 경전인 고전의 강독, 인성교육, 예절교육, 서예, 문묘일무, 시조(정가), 사군자, 한시교육 등의 프로그램이 이에 해당한다. 교양학습은 국악, 한자, 한국사, 지역사 등 교양차원의 유교문화와 역사를 체험하고 이해하도록 하는 프로그램이다. 문화체험은 한복입기, 전통예절, 다례, 전통놀이, 전통음식, 전통무용 등 유교에 바탕을 둔 전통문화를 실습하고 체험토록 하는 프로그램이다.

의례체험은 석전례, 고유례, 성년례, 전통혼례, 기로연, 상례, 제례 등 유교전통의 의례를 체험토록 하는 프로그램이다. 문화행사는 공연, 전시회, 발표회, 백일장, 경연, 공모전, 축제, 문화제, 예술제 등 행사를 개최하는 프로그램으로, 1회적인 행사 개최를 기획하는 경우는 드물고, 교육의 결과를 발표하거나 시연 · 경연하는 과정에서 기획되는 경우가 많다. 문화관광은 서원 스테이와 같은 프로그램이다. 이상의 서원 프로그램 유형과 종류를 정리하면 아래의 표와 같다.

〈표 1〉 서원 프로그램의 유형과 종류

구 분	내 용
유교학습	고전, 인성, 예절, 서예, 문묘일무, 시조(정가), 사군자, 한시 등
교양학습	국악, 한자, 한국사, 지역사, 지역답사 등
문화체험	한복입기, 전통예절, 다례, 전통놀이, 전통음식, 전통무용

의례체험	석전례, 고유례, 성년례, 전통혼례, 기로연, 상례, 제례 등
문화행사	공연, 전시회, 발표회, 백일장, 공모전, 축제, 문화제, 예술제 등
문화관광	서원 스테이

4) 예산

서원이 운영되기 위해서는 예산이 먼저 확보되어야 한다. 예산 확보의 출처는 유림이나 문중의 지원으로 충당할 수도 있고, 중앙정부나 도, 시 · 군의 지원을 받을 수도 있다. 문화재청의 '살아 숨 쉬는 향교 · 서원 활용 사업'이나 경기도의 '서원 · 향교 활성화 지원 사업'은 공공기관에서 서원의 운영을 지원하는 대표적인 사례이다. 기타 민간 기관, 기업, 개인의 후원을 받을 수도 있을 것이다. 시에 기부체납을 해서 관리주체가 지자체인 경우 시의 예산으로 많은 부분 운영 되지만, 관리주체가 유림이나 문중인 경우 자부담과 공공기관의 지원금으로 운영되는 경우가 많다.

예산의 지출은 크게 인건비, 재료비, 진행비, 홍보비 등으로 이루어진다. 인건비는 프로그램 진행에 들어가는 인력에 대한 비용이다. 대부분의 프로그램들이 강사의 지도에 의해 진행되기 때문에 강사료에 대한 지출이 가장 많다. 강사료 외에 회의나 평가를 위한 자문위원과 심사위원의 인건비가 있을 수 있고, 문화행사의 경우 출연료, 진행요원, 자원봉사자 격려비 등이 있을 수 있다. 재료비는 프로그램에 필요한 재료를 구입 · 제작 · 임대 · 관리하는데 드는 비용이다. 교재나 자료집의 구입 · 제작비, 의상(한복) 구입 · 제작 · 임대비, 한복 세탁비, 다식기구 구입비, 수료증 · 상장 제작비, 작품집 인쇄비, 표구비, 서예도구 · 민속놀이용품 · 공예용품 구입비, 악기 대여비, 음향시설 임대비, 사진인쇄, 숙박장비(텐트, 침낭) 설치비, 사무용품비 등이 재료비에 해당한다. 진행비는 프로그램 진행에 소요되는 비용이다. 일반적으로 회의비, 차량대여비, 교통비(유류비), 식음료비, 연료비, 우편발송비, 복사 · 제본비 등이 있을 수 있다. 문화행사의 경우 장소 대관비 등이 있을 수 있다. 홍보비는 프로그램 홍보에 소요되는 비용이다. 현수막 · 팸플릿 · 홍보책자 · 초대장 제작비, 언론(신문 · 잡지) 홍보비, 홍보영상제작비, 사진 촬영 · 인화비 등이 해당한다. 이 외에 구급약 등의 후생비나 예비비 등이 있을 수 있다.

5) 참가자

참가자는 프로그램에 참여하는 사람들로, 유형, 연령대, 단위, 규모, 과정에 따라 여러 형태의 참가자를 고려해 볼 수 있다. 참가자 유형은 크게 유림과 일반인이 있다. 유림은 지역유도회에 소속된 사람들로, 제향이나 유교경전 강좌, 유림지도자 과정 등 유림이 주체가 되거나, 유림을 1차적인 사업대상으로 하는 프로그램에 참여하는 사람들이다. 일반인은 유교와 상관없는 비유도회원으로, 청소년, 부모, 퇴직자, 다문화가정, 군인, 외국인, 연수생 등을 대상으로 하는 프로그램에 참여하는 사람들이다.

일반인의 경우, 지금까지 청소년을 대상으로 한 프로그램들이 많이 실시되었다. 하지만 아빠와 엄마를 대상으로 '자녀를 바르게 키우기 위한 좋은 부모 되기' 프로그램이나 가족을 단위로 한 프로그램을 기획할 수도 있다. 또한 지역의 특성에 따라 다문화가정, 군인, 주한외국인, 기업 연수생, 유학생 등을 대상으로 한 프로그램을 기획할 수도 있다.

연령대는 10대부터 80대 이상까지, 프로그램에 참여할 수 있는 연령이다. 프로그램마다 특정 연령대를 대상으로 할 수도 있고, 10대와 30~40대,

10대와 70~80대가 함께 할 수 있는 프로그램을 기획할 수도 있다.

단위는 프로그램에 참여하는 사람들의 단위로, 일반적으로 개인 단위로 참여하지만, 프로그램에 따라 가족이나 학급·학교 단위로 참여할 수도 있고, 단체나 기관 단위를 대상으로 한 프로그램을 기획할 수도 있다.

규모는 프로그램에 참여하는 사람들의 숫자로, 회당 참여하는 수와 연간 참여하는 수로 구분할 수 있다. 회당 참여하는 수는 수강인원이나 모집인원에 해당한다. 동일 인원이 프로그램에 계속 참여할 경우 연간 참여규모와 회당 참여규모는 같을 것이다. 하지만 매회 마다 참여하는 사람들이 달라진다면 연간 참여규모는 회당 참여인원을 더한 값이 될 것이다.

과정은 프로그램에 참여하는 사람들을 수준별, 내용별, 연차별로 나눈 것이다. 서원이 지역의 평생학습교육장을 지향하고 있다면 프로그램에 참여하는 것도 1회로 끝나지 않을 것이다. 참가자가 1회 이상 프로그램에 참여할 수 있도록 수준별, 내용별, 연차별로 프로그램을 기획할 수 있을 것이다.

〈표 2〉 서원 프로그램 참가자의 종류

구 분	내 용
유형	유림, 청소년, 부모, 퇴직자, 다문화가정, 군인, 연수생 등
연령대	10대, 20대, 30대, 40대, 50대, 60대, 70대, 80대 이상
단위	개인, 가족, 학급, 학교, 단체, 기관 등
규모	15인, 30인, 50인, 100인, 150인, 300인, 500인/회당
과정	수준별(기초, 심화, 전문), 내용별, 연차별

심곡서원의 운영 현황

용인 수지구 상현동의 아파트 단지 아래 위치한 심곡서원은 다른 서원에 비해 개방적이다. 홍살문을 지난 입구에 주차공간이 마련되어 있는 것도 그렇고, 코스모스가 담을 대신하고 있는 것도 그렇다. 높디란 아파트 단지에 둘러싸여 있는 푸른 오아시스 같은 느낌을 주는 곳이 심곡서원이다. 심곡서원은 빗장이 채워져 있지 않고 항시 개방되어 있기 때문에 누구나 편하게 방문할 수 있다.

심곡서원에는 2012년에 준공된 교육관이 있어 이곳에서 프로그램 진행이 가능하다. 심곡서원은 흥선군의 서원철폐령에도 훼철되지 않고 보존되어 건물 자체의 가치도 뛰어나다. 경기도 유형문화재 제7호로 지정되어 있는 심곡서원 본채에서는 건물 훼손의 위험과 냉난방 시설, 편의시설의 미비로 원활한 프로그램 운영에 제한이 있다.

개방적인 심곡서원의 입구와 주변

(출처: 좌(블로그 '개미실사랑방' http://roaltlf.blog.me/50895975) 우(필자촬영))

심곡서원 교육관에서 운영되는 한문서예교실

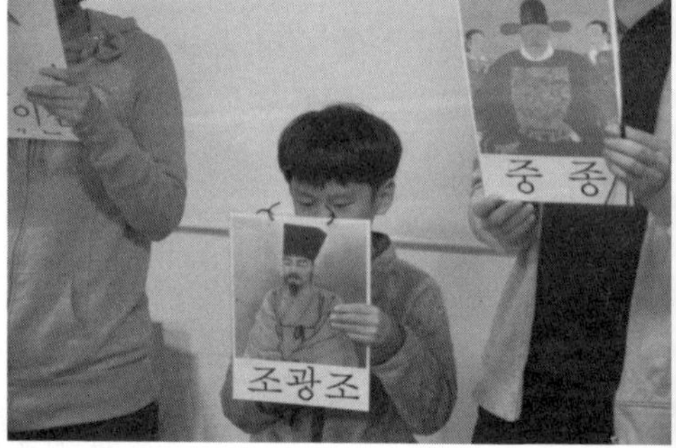

심곡서원 체험프로그램
(출처: 좌(필자촬영) 우(블로그 '주)A&A문화연구소, A&A아카데미'
http://blog.naver.com/wnsyd/220144415823))

최근에는 문화재청 공모사업인 '살아 숨 쉬는 향교·서원 활용사업'의 일환으로 '심곡서원에서 문화유산의 향기를 느끼다'라는 주제로 '심곡서원 놀토체험장', '심곡서원 주말캠핑', '문화유산 도슨트 과정 1기' 등의 프로그램이 운영되고 있다. 이 프로그램은 용인시 문화관광과 문화재팀이 주최가 되고 A&A문화연구소가 운영을 주관하였다.

심곡서원과 정암학회가 주최하는 정암학술제도 열린다. 올해는 10월 3~5일까지 제5회 정암학술제가 열렸다. 행사 기간 동안 학포선생 유묵전시, 고암 새김예술 전시 등의 전시와 활쏘기 후 술을 마시는 의례인 향사음례가 거행된다.[2)]

심곡서원 문화예술 콘텐츠 기획

1) 현대소학 어린이 품행교실

모든 서원의 기본 기능은 인재 양성과 풍속교화를 위한 교육이다. 그 교육의 시작이 『소학』이다. 소학은 8세 안팎의 아동들에게 유학을 가르치기 위하여 만든 수신서로, 조선 초기부터 중시되었다. 어릴 때부터 유교 윤리관을 체득하게 하기 위하여 아동의 수신서로서 장려되었고, 사학(四學) · 향교 · 서원 · 서당 등 당시의 모든 유학 교육기관에서는 이를 필수 교과목으로 다루었다.

소학의 내용은 내편과 외편으로 구성되어 있다. 내편은 입교(立教) · 명륜(明倫) · 경신(敬身) · 계고(稽古), 외편은 가언(嘉言) · 선행(善行)으로 되어 있다. 입교는 교육하는 법을 말하는 것이고, 명륜은 오륜을 밝힌 것이며, 경신은 몸을 공경히 닦는 것이고, 계고는 옛 성현의 사적을 기록하여 입교 · 명륜 · 경신을 설명한 것이다. 가언은 옛 성현들의 좋은 교훈

2) 『경인일보』, 「심곡서원서 내일 정암학술제」 2014년 10월 2일 인터넷 기사 참조.

을 인용하고, 선행은 선인들의 착한 행실을 모아 입교 · 명륜 · 경신을 널리 인용하고 있다. 즉, 쇄소(灑掃) · 응대(應對) · 진퇴(進退) 등 어린아이의 처신하는 절차부터 인간의 기본 도리에 이르기까지 망라되어 있다.

우리나라에는 밥상머리 교육이라는 것이 있다. 부모와 자식이 밥을 먹으면서 이루어지는 교육, 즉 가정교육이다. 백과사전에 따르면 가정교육은 가족구성원의 역할, 인간생활의 크고 작은 규칙, 삶의 목적, 사회의 이상, 결혼이나 직업 등 인생의 중대한 과업에 대한 기본적인 태도 등 공동생활에 필요한 규범과 가치 등을 가정에서 부모나 조부모가 가르쳐 주는 것이다. 이러한 것은 인생의 기초가 된다는 점에서 어떤 교육보다도 더 중요한 것으로 평가되고 있다.

맞벌이가정, 다문화가정, 편부모가정 등 가정교육이 어려워진 오늘날 가정교육을 대신해 현대 생활에 맞는 인성과 품행교육을 서원에서 담당할 수 있는 교육프로그램이 필요하다. 소학의 내용을 쉽게 이해할 수 있도록 만화나 애니메이션을 제작해 교육에 활용하거나 가족끼리의 식사자리를 마련하고 밥상머리교육을 시킬 수 있는 교재를 제작해 부모와 자녀가 식사를 하면서 실습을 해볼 수 있는 밥상머리교육 체험 프로그램을 진행할 수도 있을 것이다.

2) 심곡서원 역사연극제

심곡서원에는 정암 조광조 선생에 대한 이야기뿐만 아니라 그의 뜻을 기리고 이어간 후손의 이야기까지 다양한 이야기 소재가 존재한다. 스승을 만난 정암의 어린 시절 이야기, 정계에 입문해 개혁정치를 실현시킨 이야기, 기묘사화 이야기, 50여 년 후에 신원이 회복되고 영의정에 추증되고 문정(文正)이라는 시호를 받게 된 이야기, 유생들이 서원을 창건한 이야기, 심곡이라는 사액을 받게 된 이야기, 학포 양팽손이 함께 추배된 이야기, 심곡재단 설립 이야기, 문정중학교 이야기 등 500여 년이 흐르는 동안 그의 삶과 정신을 기리고자 했던 후손들의 이야기가 모두 심곡서원이 간직한 과거의 이야기이다.

다양한 이야기를 통해 억울한 누명으로 37세의 짧은 생을 살았던 그의 삶이 죽음으로 끝나지 않고 어떻게 다시 신원이 복원되고 그의 뜻과 사상이 후손들에게 추앙을 받고 기억되었는가를 이해할 수 있게 될 것이다.

이러한 이야기를 현장감 있고 입체감 있게 체험할 수 있는 방법 중에 하나가 심곡서원에서 이루어지는 역사연극제이다. 역사연극제는 용인시의 청소년과 일반인들이 참여할 수 있도록 연극제 참가자를 심사하고 지원하는 방식으로 추진하고, 연극제 기간 동안 심곡서원 곳곳에서 15-20분 정도의 연극이 다채롭게 펼쳐질 수 있도록 진행한다면 관람자들은 서서 장소를 이동하면서 심곡서원이 품은 다양한 이야기들을 흥미롭게 체험할 수 있을 것이다.

심곡서원 운영 활성화를 위한 제언

1) 지역유림의 강사 양성

서원의 운영 요소에서 상술한 것처럼, 서원 운영을 위해서는 운영진과 강사진이 필요하다. 운영진은 행정과 운영을 맡아야 하고 강사진은 교육을 진행해야 한다. 유교 관련 프로그램은 지역 유도회원인 유림이 맡아 진행이 가능하다. 유도회원 중에서 장의나 관련 과정을 이수한 남성유림이 유학과 관련된 강의를, 전통예절과 생활문화 분야는 여성유림이 강의를 맡아 할 수 있도록 지역유림을 강사로 양성해 활동할 수 있도록 하는 것이 필요하다.

2) 협력기관의 구성

프로그램이 원활하게 운영되기 위해서는 유관기관의 협조를 받아야 한다. 성균관과 유도회에서는 강사협조를, 문화원에서는 진행협조를, 시 문화유산과, 문화관광과, 평생교육과, 도 종무과, 문화유산과, 문화관광과, 지역문화재단, 경기문화재단에서는 예산지원을, 교육청에서는 홍보를, 문화예술교육지원센터에서는 문화예술 관련 강사협조를 받을 수 있도록 협력을 요청하거나 지원사업에 응모하는 것이 필요하다.

3) 차세대 유림 양성

지금까지 심곡서원은 건축물과 보호수 등 유형의 유산들이 보존되어 왔다. 하지만 서원이 운영되기 위해서는 그곳에서 이루어지는 춘추대제와 분향 등의 각종 향사와 교육을 이어갈 수 있는 사람이 필요하다. 유림의 연령대가 높아가고 있는 상황에서 서원의 콘텐츠를 이어갈 수 있는 차세대 유림을 키우는 것이 필요하다.

3_ 전통과의 소통을 위해서

- 충렬서원과 양지향교의 콘텐츠 기획

김선정 외[1)]

구술사와 문화콘텐츠 기획 수업을 용인사회문화연구로 학생들과 함께 한 지 벌써 3번째이다. 제일 먼저 마을에 중점을 두어 모현면의 생성과 그와 관련된 사람들에 대해 구술을 받고 문화콘텐츠화 하는 방안을 기획하였고, 두 번째는 전통장과 상설장인 백암장과 용인장을 중심으로 그와 관련된 사람들과 구술면담을 진행하고 활성화 하는 방안을 모색하였다. 계속해서 용인사회에 대한 관심으로 이번에는 전통문화에 중점을 두어 향교와 서원의 전교, 고문, 원장님과 구술면담을 하여 그 내용으로 우리의 전통 문화를 문화콘텐츠로 활성화하려는 기획을 시도하였다.

연구의 대상이 된 용인의 향교와 서원은 총 4곳으로 용인향교, 양지향

---

1) 이글은 김영효, 김태선, 신재희, 이슬이, 이지연, 이재헌, 장동현, 전태현, 정지연, 채민희의 문화콘텐츠 기획서를 정리 보완한 것이다.

교, 충렬서원, 심곡서원으로 향교가 2곳, 서원이 2곳이었다. 이에 학생들을 4조로 편성하여 각기 해당 향교나 서원에 대하여 문헌조사를 실시하였고, 이를 토대로 해당 향교와 서원의 관계자들을 만나 구술면담을 진행하였다. 본 기획은 학생들이 직접 향교와 서원을 탐방하고 전교, 고문, 부원장님과 구술 면담을 한 후 우리의 아름다운 전통 문화와 정신이 사라져가고 대중들에게 소외당하고 있는 현실을 안타깝게 여긴 마음부터 시작되었다. 구술면담 내용을 토대로 우리의 전통문화를 콘텐츠화 하여 '어떻게 하면 일반 대중과 소통시킬 수 있을까'에 대한 생각이 깊어졌다. 여기에 그러한 마음과 아이디어를 모아서 충렬서원의 고즈넉하고 전원적인 공간을 활용하여 전시문화예술공간으로 활용, 도심 속에 위치한 심곡서원의 지역적 특성을 감안한 어울림마당 기획, 전교님의 가르침이 살아있는 힐링 강연 영상물 제작, 예의 정신을 어린이에게 가르칠 수 있는 구연동화 기획, 이렇게 4가지 콘텐츠 기획 방안을 구상하였다. 그러나 이 글에서는 다른 글과의 중복을 피하고자 전시문화예술공간으로의 활용과 구연동화 기획 이렇게 2가지 기획을 제안하고자 한다. 학생들의 제안이라 다소 한계가 있고 부족하기는 하지만 아이디어 제시 차원에서 유용할 것으로 생각된다.

충렬서원: 전시 문화 예술 공간으로 활용 – '아뜰' 만들기

아뜰'은 아름다운 뜰의 줄임말로 '아트(art)' 예술과 정원을 뜻하는 순수 우리말인 '뜰'의 합성어이다. 아름다운 정원을 갖고 있는 충렬서원을 지역 주민들의 아름다운 문화예술의 장으로 만들고자 한다.

본 기획은 서원이 문화 전시 공간으로 거듭나기 위한 콘텐츠 및 운영방안을 제안하는 것을 중점으로 충렬서원 운영 현황 분석 및 새로운 전시 콘텐츠의 필요성, 충렬서원을 활용한 전시 콘텐츠 기획 및 운영방안, 지역 문화센터와 연계한 서원의 물리적 공간 활성화 방안 등을 제시하고 더 나아가 용인시를 아우르는 복합문화공간으로서의 가능성을 모색할 것이다.

대상

충렬서원

지정번호: 경기도 유형문화재 제9호 / 지정년월일: 1972.5.4 / 시대: 조선 선조 9년 (1576) / 소재지: 용인시 처인구 모현면 능원리118-1 / 소유자: 유림 (儒林) / 규모: 사당 13.45평, 강당 11.2평 / 재료: 목조 와즙 (瓦葺)

기획배경 및 의도

1) 배경

① 공간적 배경 - 새로운 전시 공간으로서의 서원

문화 예술을 향유한다는 것은 상류층만의 혹은 예술가들만의 이야기가 아닌 지 오래다. 악기 하나쯤은 다룰 줄 알고 그림을 그리거나 전시회, 음악회, 연극 등의 공연을 감상하는 생활은 많은 사람들에게 이미 일상이 되어가고 있다. 대중이 문화예술을 생산하고 소비하는 시대가 된 것이다. 그러나 정부나 여러 기관들의 정책과 제도가 이러한 현실을 반영하여 다양한 지원을 하고 있지만 여전히 문화 예술을 소통할 수 있는 공간은 일반인에게는 너무 비싸기도 하고 그 수 또한 부족한 실정이다.

기존의 갤러리나 미술관 등의 전시공간이 편리성과 능률을 최우선시 했다면, 최근에는 문화와 소통, 교류의 장으로써의 기능이 중시되고 있는 추세이다. 따라서 기존의 정형화된 전시공간과 전시방법에서 과감히 탈피한 공원, 병원, 고궁 혹은 역사적인 장소들을 전시공간으로 활용하고 나아가 도시의 거리, 빌딩, 마을의 한 구역을 이용하는 새로운 시도들이 등장하고 있다. 이러한 추세에 힘입어 222개의 전국 각지에 있는 서원을 새로운 문화 공간으로 활용할 수 있으리라 여겨진다. 현재 경기도에만 해도 33개, 용인에는 5개의 서원이 있다.

자연광을 이용한 미술관이나 박물관이 증가하고 있는 최근의 전시 경향을 비추어볼 때 서원은 실내보다 풍요로운 공간 지각을 가지며, 자연광을 이용하여 연색성 등 빛의 미학적인 가치 획득이 가능함으로 현 시대의 요구에 부합하는 최적의 전시공간으로 여겨진다.

② 사회적 배경 - 허물어진 예술의 벽

과거 소수의 권력자, 전문가들에 의해 취급되고 향유되어오던 예술은 이제 대중이 생산하고 참여하고 체험할 수 있는 모든 공간으로 확대되었고, 그 형태와 양식, 매개체도 다양화 되었다. 현대의 미술은 과거와는 다른 방식으로 사회적 관계를 맺어가고 있는 것이다. 도시와 국가간의 문화적 교류가 활발해져 가고 있으며, 이는 지역 경제를 활성화시키는 모체로서 적극적으로 정책화되기도 한다. 이러한 측면에서 서원을 문화예술공간으로 활용한다면 풍부한 환경을 제공할 뿐 아니라 해당 도시의 경제 활성화를 기대할 수 있을 것으로 여겨진다.

2) 의도 및 목표

충렬서원은 자연과 어우러진 고즈넉함이 살아있는 매우 아름다운 곳이다. 이러한 장점을 살려 전세대를 아우를 수 있는 예술 공간을 만듦으로 많은 사람들이 문화예술을 생산하고 소비하고 소통함으로 서원이 역사속의 장소가 아니라 우리 생활 속의 공간으로 자리매김하게 하려는 것이다. 이를 위해 다음과 같은 목표를 제시한다.

① 지역주민들의 작품 전시 공간 및 체험활동의 장을 마련

유명작가나 전문가들의 작품만이 아닌 지역 주민들의 취미활동 등으로 직접 제작한 작품을 전시하는 공간을 따로 마련하고 관람인들이 직접 체험할 수 있는 코너를 개설함으로 예술의 일반화를 지향하여 지역 주민들의 소통을 돕는다. 예술 작품을 자연광을 주로 이용한 야외에서 전시함으로 서원을 방문한 사람은 누구나 자연스럽게 작품을 감상할 수 있게

하여 이용 편이성을 높인다.

② 충렬서원에서의 전시 공연

특별전 및 공모전을 통하여 충렬서원 야외에서 전시하고 동시에 야외 음악회 등을 기획하여 평소에 일반인들에게 개방되지 않는 충렬서원을 주기적으로 개방함으로써 예술과 자연이 어우러진 충렬서원의 모습을 공유할 수 있게 한다.

③ 웹사이트 구축

충렬서원에 대한 소개와 유교의 가르침뿐 아니라 전시 기획, 공연 일정 등 다양한 정보와 지역주민이 참여할 수 있는 코너들을 개설하여 온라인상에서도 함께 소통할 수 있는 장을 제공함으로 충렬서원의 이용도를 높인다.

④ 지역 서원관련 공모전 실시

사진·회화 등 공모전의 주제를 용인지역의 사람, 마을, 문화, 역사, 지리, 풍물, 환경 등 다양한 모습과 향교와 서원관련 주제를 선정하여 지역주민들이 지역에 대한 관심과 애정을 갖도록 한다.

구체적 방안

1) 프로젝트 콘셉트

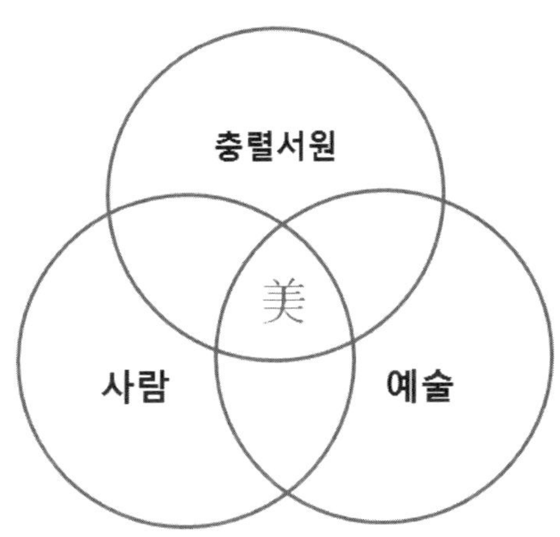

'아뜰'은 충렬서원, 예술, 사람의 아름다움을 알리고 많은 사람들과 이를 함께 공유·소통하고자 함.

① 충렬서원의 건축양식 및 자연과 어우러진 아름다움 활용

전면에는 문수산, 뒤로는 불곡산, 좌측에는 문형산, 우측에는 법화산이 위치하여 수려한 주변 경관과 전통 양식으로 건축된 강당과 사당만으로 이루어진 서원건물의 조화는 소박한 아름다움의 정취를 느낄 수 있다.

② 예술의 아름다움을 더함

모든 사람들이 참여한 예술작품들을 전시하고 공유하는 공간을 만들

충렬서원

어 많은 사람들이 즐길 수 있는 곳이라는 인식을 확산시켜 충렬서원이라는 역사적 공간에 현대적 예술의 아름다움을 더한다.

③ 아름다움을 공유

지역 주민 스스로 지역의 아름다움을 찾는 과정을 실행하고 그 결과물을 전시하고 소통함으로 이웃들간의 유대감을 강화할 수 있으며 근엄하고 조용한 공간이 아닌 야외라는 친근한 장소를 통해 이러한 아름다움을 서로 소통하고 공유할 수 있는 공간으로 변모시킨다.

2) 구체적 방안

충렬서원의 아름다움을 강점으로 한 문화예술의 소통의 장으로서 전시공간의 활용, 공모전, 웹사이트 개발의 3가지를 제안한다.

① 전시 부문

가. 전시공간 활용

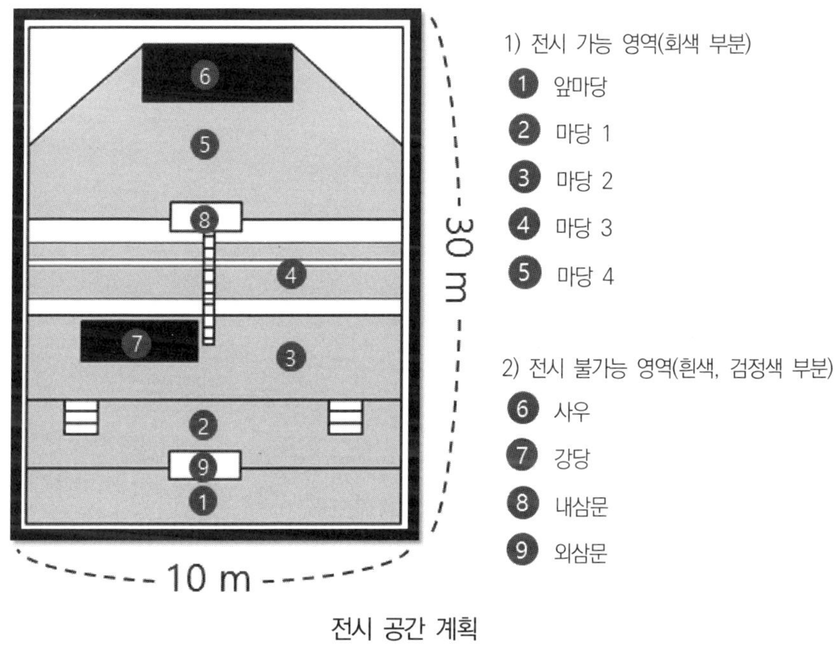

전시 공간 계획

전시 가능 영역 중 내삼문 안에 있는 5번, 마당 4에는 시역주민들만의 작품을 전시하는 공간으로 따로 설정하며, 그 밖의 영역은 특별전, 기획전, 공모전 등을 위한 전시공간으로 활용한다.

야외 전시는 조형물을 제외하고는 눈, 비 등의 기후 조건에 크게 제약을 받는 단점이 있기에 쉽게 이동이 가능한 작품이라든지, 처마 등을 설치하여 갑작스런 기후 변화에 대비한다.

나. 전시 수요 확보

용인시에는 이미 다양한 단체와 문화센터에서 지역 주민을 위한 문화예술 강좌가 실시되고 있다. 이를 기반으로 하여 전시에 필요한 수요를 공급한다. 아래 표는 용인시에서 현재 실시되고 있는 다양한 예술강좌 현황이다.

용인시 문화센터 예술 강좌 현황

문화센터	내용	강좌 개수
신세계백화점 경기점 문화센터	서예/동, 서양화/꽃꽂이/공예관련 강좌	28개
풀잎문화센터	화훼분과(꽃꽂이), 조형분과(리본, 비즈, 가죽 공예 등등), 미술분과(아동아트, 냅킨아트, POP아트 등등), 종이분과(선물포장)	22개
한국문화센터 용인지부	한복디자인, 칼라믹스, 종이공예 등등	10개
이마트 수지점 문화센터	공예, 취미, 미술, 서예 관련 강좌	55개

다. 서원 예절 안내 팻말 설치

서원이 전시 문화 공간으로 활용되어 지역 주민들의 발걸음이 잦아지게 되면 서원은 이전보다 활기를 띄게 될 것이다. 그러나 서원은 '서원'이다. 서원은 우리의 전통과 정신, 얼이 살아 숨 쉬는 곳이기에 존중되고 보호되어야 한다. 이를 위해 서원을 방문하는 지역 주민들에게 충렬서원에 대한 소개와 서원을 방문할 때 갖추어야 하는 예절들은 해당 장소에

팻말을 설치하여 이해와 안내를 돕는다.

충렬서원에는 외삼문과 내삼문이 있다. 문이 세 개여서 삼문이라 하고 바깥에 있는 문을 외삼문이라 하며 안쪽에 있는 문을 내삼문이라 한다. 문이 세 개 있는 이유는 사람과 돌아가신 선현의 영이 사용하는 문을 구별하기 위해서이며, 사람은 항상 오른쪽으로 다녀야하기에 문을 세 곳에 만든 것이다. 선현들의 영은 가운데 문으로 출입하고 사람들은 선현들의 가르침을 항상 옆에 두고 오른쪽 즉 바른길로 다녀야 한다는 깊은 뜻이 있다.

또한 사당에 들어가기 위해서는 좁은 계단을 올라가야 하는데 이는 선현들을 뵈러 갈 때 공손한 자세 즉, 몸을 옆으로 돌려서 올라가게 하기 위해 계단을 만든 것으로 한 번에 한 계단씩 두 발을 모으며 천천히 오르는 취족승강법으로 올라가야만 한다. 선현들을 모신 사당에 들어가기 전에 이러한 몸가짐 즉, '예'를 마음에 새김으로 자기 자신을 한 번 더 돌아봄으로 서원 방문의 깊은 의미를 더하게 되는 것이다.

라. 차별화 방안

ㄱ. 이젠 밖으로 나가자

이제 전시도 관람도 답답한 실내에서가 아니라 탁 트이고 공기와 전경이 좋은 자연과 호흡하는 야외로! 야외 전시는 전시 · 관람이 산발적으로 이루어질 수 있는 우려가 있으나 충렬서원의 전시 공간의 규모로 볼 때 집중적, 체계적 전시가 가능하다.

ㄴ. 예술작품도 감상하고, 서원도 방문하고, 자연에서 힐링도 하여 일석삼조

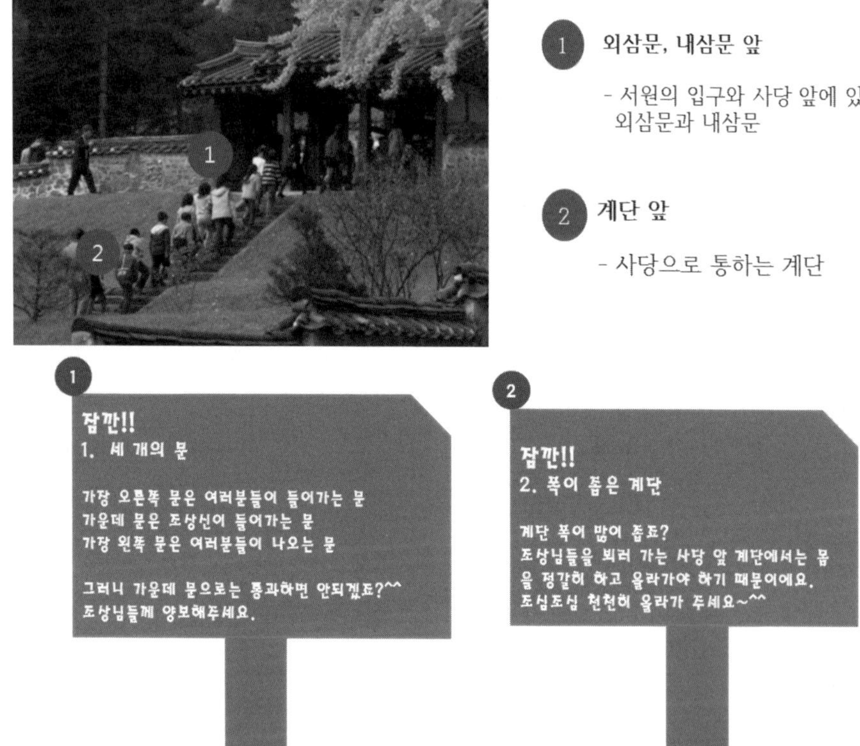

아름다운 자연에 둘러싸인 서원에서 예술작품을 관람하고 체험하고 공연도 감상한다면 육체적, 정신적 힐링을 할 수 있는 최고의 기회가 될 것이다.

ㄷ. 취미로 배우는 꽃꽂이를 자랑할 곳은 여기!

전문 예술가의 작품만이 전시되는 것이 아니라 지역 주민들이 취미활동으로 하는 다양한 작품들을 전시할 수 있고, 관람인들이 직접 체험도 할 수 있게 힘으로 문화예술을 소통할 수 있게 함으로 지역에 대한 관심과 자부심을 높이는 계기가 될 것이다.

② 공모전 부문

가. 공통사항

- 공모부문은 회화, 사진 등 용인 지역 내에서 이루어지는 혹은 용인 지역 주민들의 예술 활동을 기반으로 하는 작품으로 한다.
- 인적사항 및 제출 작품 사항을 기재한 후 파일(jpg형식)을 이메일로 접수한다.
- 작품 접수는 약 2주~4주간으로 정한다.
- 심사는 충렬서원 관계자 및 용인지역 예술관련 학과 교수, 한국 사진 기자 협회 자문위원 등 다양한 분야의 전문가들이어야 한다.
- 당선작은 접수 마감 후 3주 후에 홈페이지와 충렬서원 게시판을 통해 발표하며, 당선자에게 개별적으로 연락한다.
- 시상은 대상(1명), 최우수상(1명), 우수상(2명), 입선(5명) 정도로 하니, 상황에 따라 변동 가능하다.
- 입상자에게는 충렬서원 특별전시회에 전시할 수 있는 기회를 부여하고 소정의 상금을 지급한다.

나. 회화 부문

- 응모 규격은 공모전에 따라 다르며, 규격 외 작품은 실격처리 한다.

· 응모 작품은 국내외에 미발표된 작품으로 미풍양속에 유해하지 않아야 한다.
· 저작권 침해 및 표절의 시비가 우려되는 작품은 심사에서 배제하며, 입상 후라도 취소될 수 있다.
· 모든 입상작은 주최 측의 전시 및 홍보 등에 작품사진을 사용하는 것을 동의한 것으로 간주한다.

다. 사진부문
· 디지털 카메라를 사용한 작품 파일을 접수한다.
· 출품 수는 1인당 3점 이내로 제한하며, 1점당 5천 원의 출품료를 받는다.
· 입상작품의 판권은 충렬서원에 귀속되며, 합성사진은 출품할 수 없다.
· 주최 측은 초상권 문제에 대해 책임지지 않으며, 타 공모전 입상사진이나 합성사진은 입상이 취소될 수 있다.

③ 충렬서원 웹사이트 만들기

웹사이트의 주된 역할은 충렬서원의 역사를 소개하고 선현들의 정신과 우리의 전통적인 학문의 가치관을 소개함으로 잊혀져가고 있는 우리의 귀한 가치관을 다시 한 번 환기시킬 수 있도록 한다. 또한 문화예술 전시공간으로써의 활용을 용이하게 하기 위해 전시공간 소개 및 예약 등의 다양한 정보를 제공하고 이용방법을 안내한다. 그밖에 '아뜰' 공모전, 특별전 등을 홍보하는 역할을 한다.

(2) 충렬서원 웹사이트 스토리보드

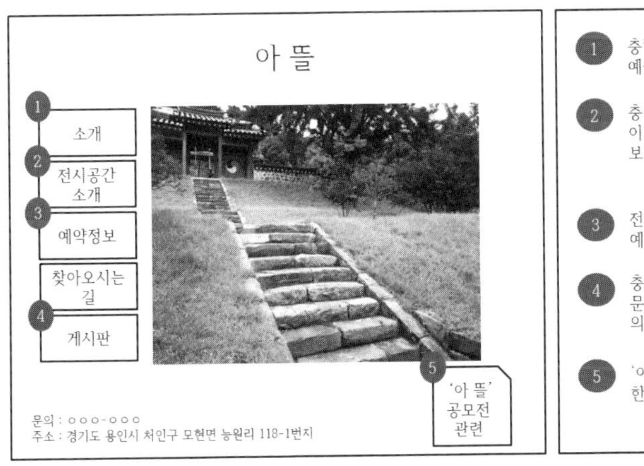

1. 충렬서원의 역사 및 소개 예술전시기획팀 '아 뜰' 소개
2. 충렬서원의 야외 전시공간 이미지와 어떻게 전시되는 지 보여줌
3. 전시 공간의 요금 안내 및 예약안내
4. 충렬서원의 행사 소개, 공지, 문의 게시판 등으로 이용자들의 편리함을 도모
5. '아 뜰' 공모전 관련 배너를 통한 공모전 홍보

추진계획

1) 전체 추진 프로세스

프로젝트 전체 추진계획표

1년 전	→	11개월 전	→	9개월 전
· 관련법률 검토 · 프로젝트 준비단계 · 스케줄 작성 · 인력 구성	→	· 예산 세우기 · 공간배치 구상 · 설문조사를 통한 전시장 수요조사 · 홈페이지 구축	→	· 시설, 장비와 필요 기자재 신청 및 계약 · 인력 모집

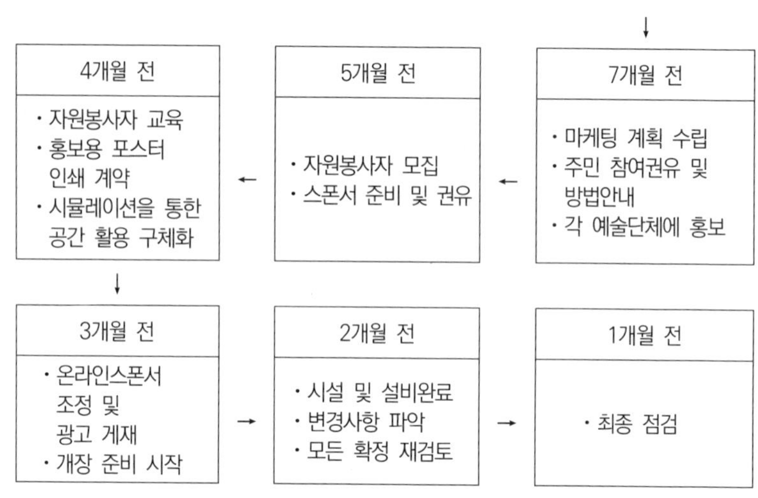

2) 콘텐츠별 세부 추진 프로세스

① 전시장

· 전시관 공간활용 구상 → 동선 설정 → 예술단체 선정 → 공간구성 및 필요 장비 설치

② 공모전

· 공모주제 선정 → 심사인력 선정 → 포스터 및 배너 제작 → 홍보 → 작품 수령 → 심사 및 평가 → 수상 → 전시

기대효과

1) 제안특징 및 기대효과

① 제안특징

가. 미술관 밖으로 나온 사회적 미디어의 역할

현대미술이 예술의 영역에만 갇혀있는 것이 아니라 일상 속에서 사람들이 생산하고 소비하고 소통하며 향유하는 대상으로 변모, 즉 '미술관 속에서 나와 사회 속에서 살아야 하는 사회적 미디어'로서 제 역할을 찾을 수 있게 하는 것이다.

나. 서원, 새로운 문화공간의 주체

그 동안 역사 속에 잠들어있던 서원이 문화예술을 생산하고 소비하는 주체로 자리매김 한다는 것은 지역성장에 중요한 사회적, 창조적 자본으로 변모한다는 것을 의미하고 이는 경제적, 문화적 파급효과를 기대할 수 있게 한다.

② 기대효과

가. 새로운 도시 이미지 창출

독특한 환경과 교육적 자원을 갖은 서원을 문화공간으로 활용한다는 것은 현대사회를 전통과 접목시켜 우리의 전통과 귀한 가치를 중시하는 고차원적인 문화적 기품을 향유하는 차별화된 새로운 도시 이미지를 창출하게 할 것이다.

나. 지역 예술인과 대중을 잇는 구심점 마련

지역의 예술가와 기획자, 관련단체 등이 만나 협업하고 대중과 소통할 수 있는 공간을 제공함으로 지역 문화 활동의 구심점이 되어 지역민간의 유대를 강화하고 지역에 대한 애착을 고취할 수 있는 근간이 될 것이다.

양지향교: 구연동화 제작 – '손을 모아 넙죽!'

1) 기획 배경

① 예절교육의 쇠퇴

오늘날 현대 사회의 산업화로 인하여 가족구성은 과거 대가족에서 핵가족으로의 변화가 보편화되어 있다. 가족구성원간의 관계가 변화함에 따라 가족 구성원의 기능이나 역할 또한 변화하고 있다. 그러나 이러한 가족 구조의 변화에 따라 가정에서 당연히 이루어져야 하는 예절 교육의 부재로 어린이 교육에 많은 문제점들이 노출되고 있다.

대가족 환경에서 아동은 성장과정에서 집안 어른들을 대하며 자연스럽게 예절과 올바른 가치관을 배운다. 반면에 핵가족화와 맞벌이부부로 인해 아이들의 가정교육 및 예절 교육은 제대로 이루어지지 못한다. 가장 중요한 성장기에 아이들은 일상에서 옳은 가치관과 행동을 배워할 가정에서 그 기회를 잃고 공교육에만 의존한 채로 방치되어 있다.

② 현대사회의 개인화

우리는 과거 농경사회 때로부터 모를 심거나 추수를 하고, 밭을 경작하는 등 마을의 중요한 일을 함께하는 공동체적 삶을 살아왔다. 그러나 근대화와 더불어 사회가 산업화되고 분화되면서 이러한 공동체적 삶은 사라졌다. 기계화와 아파트 문화는 이웃과 함께하는 생활 보다는 개인 중심의 생활을 조장시켰고, 점점 인간미가 사라져가는 사회가 되어 이웃을 배려하고 예절을 지키는 것을 찾기 어렵게 만들었다. 소통의 부재로 사람들이 점점 더 고독해져가고 있다.

③ 양지향교가 가지는 가치- '예(禮)'

" 옛날에는 위에서 아래로는 사랑을 하고, 아랫사람은 위의 어른을 존경을 했어. 이게 맞죠? 허허… 그래 그렇게 이 사회제도가 순서 없이 무분별하게 너무 자유롭게 살어… 그게 조금 불만스러운데, 이거를 우리네가 내세우고 그러면은… 케케묵은 옛날 늙은이 소리여. 그게… 참 답답해요."

"향교만 지어서 뭐해, 공부만 해서도 안 돼. 사람이 되려면 예절을 알아야 공부를 한 보람이 있지. 향교에서 공부만 하는 게 아니라 예절교육도 시행해야 돼."

- 양지향교 송재문 고문님 말씀 중에서 -

양지향교에 대해 송재문 고문님은 '예(禮)'를 자주 언급하셨다. 요즘 자식이 부모에게 혹은 제자가 스승에게 잘못된 행동을 하는 모습을 볼 때마다 안타까움을 느끼신다고 말씀하셨다. 물론 옛날과 같이 윗사람의 말을 무조건 수용하는 자세가 옳다는 것은 아니지만 아랫사람이 윗사람의 경험과 삶을 존중하고 배워야 하는 것이 자기 자신을 위해서도 바람직한 일이라고 언급하셨다.

④ 유아에게 동화책이 미치는 영향

최근 유아교육학에서는 유아문학인 동화와 동시 교육을 통해 유아가 직 · 간접적인 경험을 내재화하면서 유아 스스로 자신을 표현해 볼 수 있는 기회를 갖는 등의 활동은 유아 말하기 능력 향상뿐 아니라 인성형성에도 효과적이라는 연구가 발표되고 있다. 인간의 삶 속에서 가장 중요한 삶의 의미와 가치는 어린시기에 형성되며 또한 가장 강력한 영향을 미치는 문학경험으로서의 동화, 동시는 이러한 인격형성에 필수적 요소이다.

2) 기획의도 및 목표

① 기획의도

가. 향교에 대한 인식 변화

현재 향교에 대해 사람들은 무엇을 하는 곳인지를 잘 모르거나 다가가기 어려운 곳이라는 인식을 가지고 있다. 향교의 역사와 역할, 향교의 가치를 알아도 재미없고 지루한 곳이라는 인식이 대부분이다. 예절동화책 제작을 통해서 향교도 재미있고 중요한 공간이라는 이미지를 어릴때부터 심어주는 것이 중요하다.

아직 예절에 대해 제대로 알지 못하는 3~5세 아동에게 재미있고 쉬운 예절 교육 동화책을 만들어 예절의 중요성을 알게 하고 예절교육의 중요성을 강조하고자 한다. 아이들의 흥미를 끌기 위해 주인공을 이 책의 독자인 아이들 또래로 설정해 마치 자신이 이 책의 주인공이 되어보는 감성을 갖게 함으로 재미있고 쉽게 예절을 배울 수 있도록 기획한다. 이를 통해 이 책을 읽는 어린이들이 예의바르고 올바르게 성장할 것을 기대한다.

② 목표

이 책을 통해 많은 3~5세의 아동들이 향교에 대해 관심을 갖게 되고, 예절에 관심을 갖게 되어 다른 예절동화책도 많이 읽게 하는 것을 목표로 하고 있다. 그로 인해 예절을 몸소 실천해 예의바른 어린이로의 성장을 목표로 하고 있다.

3) 사례 조사

① 그림 동화책

그림 동화책은 유아에게 친숙한 매체로 글과 그림이 함께 조화를 이루며 이야기를 엮어 가는 하나의 완성된 세계이다. 또한 그림동화책은 어린이의 흥미를 끌고 즐거움을 준다. 코메니우스에 의하면 그림동화책은 어린이들에게 사물의 모양을 새겨 주는데 도움을 주고, 책은 재미있는 것이라는 긍정적인 생각을 가지게 하며, 또한 읽기를 배우는 것을 도와주기에 반드시 성장기에 필요하다고 한다.

또한 채종옥, 나지은 등의 그림동화책에 대한 연구 결과로 그림책은 유아로 하여금 다른 방법으로는 획득할 수 없는 관점을 가지고 세상의 일부분을 볼 수 있게 하며, 삶의 경험을 대리로 참여할 수 있게 기회를 제공함으로써 유아의 발달을 이끈다고 한다.

② 구연 동화책

구연동화는 음성언어로써 들려주는 듣기 위주의 동화이다. 주로 어린이들에게 전래동화나 창작동화를 입으로 이야기해서 들려주는 동화, 또는 그러한 방법을 아우르는 말이다. 근대 이전의 촌락공동체 생활에서는 화롯가에 둘러앉은 어린이들에게 어른이 옛날이야기를 들려주었으나, 그러한 생활형태가 사라져 버린 근대사회에서는 주로 학교·라디오·TV 등을 통해서 구연동화가 이루어지고 있다. 이것은 어린이들을 상대로 실현되는 문예활동이므로 문학적 가치가 있어야 함은 물론, 교육적 내용과 오락적 흥미도 구비하여야 한다. (네이버 지식백과: 국어국문학자료사전, 1998, 한국사전연구사)

이러한 구전동화의 특성과 구술면담에서 구술성이 살아있는 송재문 고문님의 예절교육에 관한 콘텐츠를 접목시켜 어린이들에게 필요한 구연동화책을 제작하여 보급하면 향교에 대한 인식 변화와 보다 큰 예절교육 효과를 기대할 수 있을 것이라 예상된다.

기존 구연 동화책 예시

엄마가 직접 읽어주는 방법 예시

③ 예절동화

시중에는 어린이들의 예절이나 생활 습관에 대한 다양한 동화책들이 많지만 우리의 전통 문화와 정신, 고유의 가치관에 근거한 동화책은 찾기 어려웠다. 이러한 틈새시장을 공략하여 기존의 예절 동화책과 차별화를 도모하여 보다 체계적이고 깊이가 있는 동화책을 제작하고자 한다.

기존 예절과 생활 교육에 관한 동화책 예시

4) 세부 내용

① 목표 고객 설정

본 동화책의 주 고객층은 3~5세의 가치관이 확립하지 않은 아이들이다. 인간은 출생 직후 부모와의 관계를 시작으로 하여 성장함에 따라 보다 확대된 사회집단 속에서 타인과의 관계를 맺어 나간다. 이처럼 유아는 계속적으로 타인과 상호작용 하면서 인간관계에 대한 기술과 지식을 얻으며 사회적인 경험과 발달을 촉진시키게 된다. 이러한 과정에서 유아는 각자 자신의 다양한 욕구들을 주장함으로 인해 타인과의 관계에 있어 여러 가지 갈등을 경험하게 되며, 이 갈등상황을 어떻게 해결하느냐에 따라 유아는 안정된 적응상태에 이를 수도 있고 또는 부적응 상태에 이를 수도 있다. 따라서 이러한 갈등을 원만히 해결하고 바람직한 인간관계를 형성하기 위해서는 타인의 입장이 되어 타인의 마음을 이해하고 수용할 수 있는 능력이 필요하다.

3~5세 영유아는 아이 스스로가 아닌 부모나 선생님으로부터의 교육으로 가치관을 올바르게 확립해야 할 시기의 유아이다. 영유아 교육과정은 보이지 않는 영유아교육의 시작단계에서부터 마지막 활동까지로 이어져 펼쳐지는 전체 과정으로 영유아 + 영유아교육 + 교육과정, 이렇게 되어 있다. 또한 이에 대한 접근은 일반교육과정과는 명백히 다르다. 영유아 교육의 핵심은 첫째 놀이(Play), 둘째 발견(Discovery), 셋째 창의성(Creativity)이다. 이러한 도식을 구연동화와 연관 지어 생각해 보면, 엄마 혹은 동화 구연 녹음테이프가 읽어주는 동화책을 보면서 들어보지 못했던 이야기에 대해 흥미가 생기며 교육을 받는다는 생각이 아닌 어떤 재미있는 놀이를 하고 있다는 인식을 자연스레 심어주는 것이 중요하다. 자신이 동화책에 나오는 주인공 아이가 되어 여러 가지 상황에 대해 미리 옳고 그름을 판단하게 할 뿐만 아니라 나아가 미래에 그 아이가 닥칠 상황에 당황하지 않고 해결할 수 있는 능력을 길러준다.

② 고객의 요구

- 아동들이 이해하기 쉽게 내용 설명이 간단해야 한다.
- 아동들이 흥미를 가지고 읽을 수 있도록 재미있는 구성이 필요

하다.

· 아동들이 책을 읽고 배울 수 있는 부분이 있어야 한다.

③ 동화책 내용

page 1. 표지

page 2. 도시에서 온 아이는 이사 온 시골집이 마음에 들지 않는다.
(엄마의 도움 요청/아이 거절)

예시

page 3. 시골길을 걸어가는 아이, 어렴풋하게 향교가 보임

page 4. 향교에 흥미를 가지는 아이

page 5. 기웃거리는 아이, 할아버지와 만남
(- 아, 뭐야 깜짝 놀랐잖아.
- 어른들에게 이게 무슨 말이니 여기서 뭐해?)

page 6. 서원에 발 딛음 (- 우와 여기가 어디야? 신기하다)

page 7. 서원 안에서 맛있는 간식을 먹으며 할아버지와 대화

예시

page 8. 집에 돌아온 아이에게 무엇을 하고 왔느냐고 묻는 엄마에게 비밀이라고 말하는 아이

page 9. 이젠 매일매일 할아버지를 만나러 향교에 가는 아이

page 10. 할아버지를 따라다니면서 할아버지가 하는 행동을 따라하는 아이 (뒷짐을 지고 걷는 것, 할아버지 망건을 쓰는 등)

page 11. 제사를 지냄 할아버지가 향교를 설명해줌

page 12, 13. 절하는 방법

예시

page 14. 자기 전에 이불에서 오늘 있었던 일을 생각하며 누움

page 15. 끝

버릇이 없던 아이가 향교에서 할아버지를 만난다. 할아버지께 예절을 배우면서 점점 예의바른 아이가 되어간다는 내용.

④ 동화책 제품 규격 및 사양

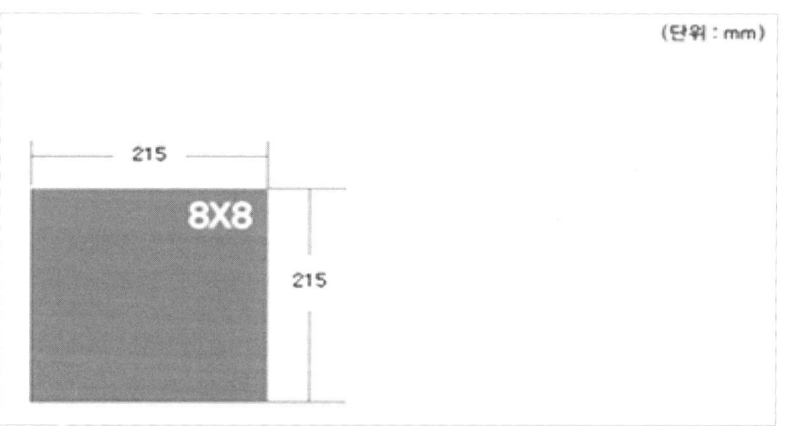

	두 손 모아 넙죽!
사이즈	**8×8** - 215 × 215(mm)
표지	소프트 커버
제본	중철 제본
용지	커버/내지 아트지 200g
페이지 구성	36p(에필로그 + 내지 + 프롤로그)

5) 콘텐츠 제작 과정

- 직접 그린 일러스트를 스캐닝해서 보정한 뒤 출력한다.
- 출력시 컬러가 알맞게(원본과 같게) 나오는지 확인하고 컬러를 조절한 뒤 인쇄소에서 샘플인쇄(교정용 인쇄)를 1부 맡긴다.
- 오타(한글 맞춤법 검사기)체크, 페이지 구성, 컬러가 원하는 대로 알맞게 들어갔다면 본 인쇄를 맡긴다.
- 인쇄는 총 100부로 제작할 것이며 '북랩'이라는 출판 사이트를 이용할 예정이다.

※ 북랩 출판 사이트는 사회적으로 유익한 콘텐츠를 가진 사람이라면 누구나 책을 출간할 수 있고 원하는 독자층에 도달할 수 있도록 도와주는 퍼블리싱 서포터즈이다.

6) 마케팅

① 도매 일원화

출판업계 중 한 곳만 지정해 도매를 맡기는 것을 일원화라고 한다. 이 경우 약간의 우대를 해주지만 유명한 출판사조차 수금이 어려운 곳이 있으니 미리 잘 알아보아야 한다. 도매상으로 나가는 부수가 월 100권도 안된다면 굳이 도매를 해 수금 금액을 작게 만들어 수금에 어려움을 만들 필요는 없다.

② 최후, 최대의 벽 마케팅

책을 만드는 것은 비교적 쉽다. 하지만 하루에 100종 이상의 단행본이 나오는데 손익분기점을 넘는 책은 반의반도 되지 않는 현실이다. 대형출판사에서는 잘나가는 책이 5%만 되면 꽤 괜찮다고 볼 수도 있겠지만 1인 출판으로 첫 책이 잘 되지 못할 경우는 그 뒤로는 점점 더 떨어질 것이며 실제로 70%이상의 출판사가 한권만 내고 개점 폐업상태에 들어간 상태이다.

전통적인 오프라인 영업자들은 오프라인 없이는 힘들 것이라고 하지만, 그렇다고 돈들이기 식인 광고마케팅은 수익을 내기가 더욱 힘들 것으로 예상된다. 온라인으로도 충분히 책에 대한 홍보를 할 수 있는 사례가 많이 있으므로 다양한 마케팅에 대한 스터디를 하고 적절한 홍보와 그에 따른 마케팅을 하는 것이 중요하다.

7) 기대효과

구연동화 CD부록을 통해 아직 글을 읽지 못하는 아이들에게도 재미있게 내용을 전달할 수 있게 제작함으로 핵가족화 되어가는 현대사회의 현실 속에서 부모 대신 책을 읽어 줄 대안물로 유용하게 사용할 수 있을 것이다. 또한 쉬운 예절교육으로 아이들의 눈높이에서 예절을 쉽게 배우고 따라해 보는 실습 등을 강조하여 아이들에게 일상생활에서의 예절을 내면화하게 함으로 어릴 때부터 세상과 소통하는 행복한 어린이로 자라게 한다.

[부록]_ 경기도의 향교와 서원(분포 현황)

분포 현황

No.	시·군	향교명	설립연도	지정번호	주소
1	가평군	가평향교	1398	향토유적 제2호	가평읍 읍내리 551-2
2	고양시	고양향교	1428	문화재자료 제69호	덕양구 도내동 827
		덕양서원	2002	비지정	덕양구 성사동 433
		용강서원	1980	비지정	일산동구 성석동 1382
		행주서원	1841	문화재자료 제71호	덕양구 화전동 561-17
3	과천시	과천향교	1398	문화재자료 제 9호	과천시 중앙동 81
4	김포시	김포향교	고려말 이전	문화재자료 제29호	김포시 북변동371
		통진향교	1127	문화재자료 제30호	통진면 군하리 220
		대포서원	1972	향토유적 제1호	양촌면 대포리 산32-2
		우저서원	1648	유형문화재 제10호	김포시 감정동 492
5	수원시	수원향교	1950	문화재자료 제1호	팔달구 교동 43번지
6	시흥시	소산서원	1995	비지정	시흥시 신천동 산 12
7	안성시	안성향교	1532	문화재자료 제27호	안성시 명륜동 118
		죽산향교	1533	문화재자료 제26호	죽산면 장능리 274
		양성향교	1533	문화재자료 제28호	양성면 동항리 114
		덕봉서원	1695	유형문화재 제8호	양성면 덕봉리 109
8	양주시	양주향교	1401	문화재자료 제2호	주내면 유양리 226
9	양평군	지평향교	1773	문화재자료 제20호	지평면 지평리 343
		양근향교	1500	문화재자료 제19호	옥천면 옥천리 817
		수곡서원	1874	향토유적 제20호	지평면 수곡리 633

		운계서원	1594	문화재자료 제18호	용문면 덕촌리 817
10	여주군	여주향교	1685	문화재자료 제3호	여주읍 교리 261-1
		기천서원	1936	문화재자료 제75호	금사면 이포리 산26-1
		대로사	1785	유형문화재 제20호	여주읍 하리 200-1
		매산서원	1936	향토유적 제10호	능서면 번도리 321-4
11	연천군	연천향교	1398	향토유적 제2호	연천읍 차탄리 345
		임장서원	1713	향토유적 제12호	연천읍 동막리 490
12	용인시	양지향교	1523	문화재자료 제23호	처인구 양지면 양지리 379
		용인향교	1400	향토유적 제1호	기흥구 언남동 335
		심곡서원	1650	유형문화재 제7호	수지구 상현동 203-2
		충렬서원	1911	유형문화재 제9호	처인구 모현면 능원리 118-1
13	이천시	이천향교	1402	문화재자료 제22호	이천시 창전동 336
		설봉서원	1564 (2007복원)	비지정	이천시 중리동 189-9
14	의정부시	노강서원	1969	기념물 제41호	장암동 산 146-1
15	파주시	파주향교	1398	향토유적 제2호	파주읍 파주리 335
		교하향교	1731	문화재자료 제11호	파주시 금능동 1013
		적성향교	1420	향토유적 제3호	적성면 구읍리 476-2
		자운서원	1615	기념물 제45호	법원읍 동문리 산5-1
		용주서원	1598	향토유적 제1호	월롱면 덕은리 298
		파산서원	1568	문화재자료 제10호	파평면 늘노리 235
16	평택시	평택향교	조선초	문화재자료 제4호	팽성읍 객사리 185
		진위향교	1398	비지정	진위면 봉남리 167
17	포천시	포천향교	1173	문화재자료 제16호	군내면 구읍리 174
		옥병서원	1713	향토유적 제26호	창수면 주원리 688
		용연서원	1691	유형문화재 제70호	신북면 신평리 168

		화산서원	1635	기념물 제46호	가산면 방축리 산16-1
18	하남시	광주향교	1703	문화재자료 제13호	하남시 교산동 227-3
		사충서원	1725	비지정	하남시 성산곡동 100-2
19	화성시	남양향교	1397	문화재자료 제34호	남양면 남양리 355
		안곡서원	1666	향토유적 제1호	서신면 용두리 822-2
총 19개 시·군 / 향교 25개 / 서원 25개					

현황 분석

○ 문화재 지정·비지정 현황

구분	유형문화재	문화재자료	향토유적	기념물	비지정
향교	-	19	5	-	1
서원	6	4	7	3	5

○ 최초설립연도

구분	고려시대	1300년대	1400년대	1500년대	1600년대	1700년대	1800년대	1900년대	2000년대
향교	3	7	5	5	1	3	-	1	-
서원	-	-	-	6	10	3	3	1	1

○ 향교 유림회관 보유 현황

구분	유림회관 유	유림회관 무
향교	18	7

○ 향교 명륜대학 운영 현황

구분	명륜대학 운영	명륜대학 비운영
향교	7	18

○ 서원 비훼철·훼철 현황(1800년대 이전 설립 서원 대상)

구분	비훼철	훼철
서원	8	15

○ 서원 훼철 후 복설년도

구분	1930년대	1960년대	1970년대	1980년대	1990년대	2000년대
서원	2	-	6	3	3	1

○ 서원 관리주체

구분	유림	문중	사단법인	개인	기타
서원	13	8	2	1	1

필자 소개

· 연구진 필자

임영상: 한국외국어대학교 교수/ 한국외대 글로벌문화콘텐츠연구센터장

정양화: 용인문화원 문화학교 교장/ 전 용인향토문화연구소장

강진갑: 경기대학교 교수/ 전 경기문화재단 경기학연구실장

최명환: 한국외국어대학교 문화콘텐츠전공 강사/ 한국외대 글로벌문화콘텐츠연구센터 선임연구원

윤유석: 한국외국어대학교 문화콘텐츠전공 겸임교수/ [사]역사문화콘텐츠연구원 선임연구원

김선정: 한국외국어대학교 문화콘텐츠전공 겸임교수/ 한국학중앙연구원 현대한국구술자료관 자료정보실장

· 학생 필자

이재헌: 한국외국어대학교 경제학과

김태선: 한국외국어대학교 국제경영학과

정지연: 한국외국이대학교 경제학과

김영효: 한국외국어대학교 인도학과

이슬이: 한국외국어대학교 루마니아어과

이지연: 한국외국어대학교 중국어통번역학과

채민희: 한국외국어대학교 세르비아·크로아티아어과

전태현: 한국외국어대학교 말레이·인도네시아어통번역학과

장동현: 한국외국어대학교 세르비아·크로아티아어과

신재희: 한국외국어대학교 세르비아·크로아티아어과